ARBEITSSPEICHER STATT IQ

Testen Sie Ihre geistige Fitness

Siegfried Lehrl

Mit Trainingsprogramm

VLESS VERLAG

INHALTSVERZEICHNIS

VORWORT

Einige Millionen Menschen sind schon mit Gehirn-Jogging, genauer dem Mentalen AktivierungsTraining MAT, in Berührung gekommen, durch mehrere Dutzend Fernsehsendungen, durch Rundfunkübertragungen, durch Zeitungen und Zeitschriften. Mehrere zehntausend Personen konnten Vorträge über dieses Training hören oder selbst Kurse und Seminare dazu besuchen, vielleicht bei einem der mehrere hundert Trainer der Gesellschaft für Gehirntraining e.V. (GfG), die ständig Veranstaltungen anbieten.

Wer sich dem MAT intensiver widmet und ständig übt, möchte auch gerne den Erfolg überprüfen. Soweit man von einem Psychologen oder Arzt betreut wird, entstehen kaum Probleme. Denn diesen stehen Tests zur Verfügung, die sie fachmännisch abnehmen und deren Ergebnisse sie kompetent deuten können. Doch nicht jeder Übende wird fachmännisch betreut, und zudem sind die Fachleute auch nicht immer bereit, den zeitlichen Aufwand "nur" für eine persönliche Erfolgskontrolle des Übenden auf sich zu nehmen.

Was soll man dem anraten, der seine geistigen Potentiale möglichst ausschöpfen möchte, um in unserer Informationsgesellschaft nach seinen Möglichkeiten mithalten zu können, der mit diesen Verfahren seine Gesundheit fördern möchte oder der einfach nur ein Interesse an sich hat und den Verlauf seiner geistigen Leistungsfähigkeit festhalten und erkennen will? Soll man ihn einfach zurückstoßen und sagen: "Wenn Sie keinen Experten finden, der sich um Ihr Anliegen kümmert, dann haben Sie Pech gehabt."

Ich meine, jeder hat ein Recht, über sich mehr zu erfahren. Die Gefahr liegt allerdings darin, daß er mit den Methoden nicht angemessen umgehen kann und die Ergebnisse nicht richtig einschätzt. Deshalb ist es wichtig, ihn nicht nur über die Möglichkeiten zu informieren, die in einer Methode wie einem Test zur Selbstprüfung liegen, sondern auch über die Grenzen. In diesem Fall kann dies sogar ein besonders günstiger Weg zur Selbsterkenntnis sein. Denn aus der eigenen Erfahrung im Umgang mit einer Methode wie einem Test versteht man dessen Anwendungsmöglichkeiten und -grenzen vielleicht besser, als wenn einen der Fachmann nur mit den bloßen Ergebnissen konfrontiert.

Ich hoffe daher nicht nur auf die Begeisterung des Anwenders dieses Testsystems, sondern auch auf seine kritische Grundhaltung. Er sollte dabei jedoch nicht in Pessimismus verfallen und den Ergebnissen seiner Selbsttestung überhaupt nicht glauben. Statt dessen ist es günstiger, sie als Anregungen und Orientierung über die Einschätzung der Entwicklung der eigenen geistigen Leistungsfähigkeit zu werten und zu nutzen.

Frau Stefanie Dollen und der Geschäftsführung der Gesellschaft für angewandte Metaforschung mbH (GaM) danke ich für ihre Hilfe bei der Erstellung des Manuskriptes.

Erlangen, im August 1997

Dr. Siegfried Lehrl

DIE EIGENEN POTENTIALE AUSSCHÖPFEN

Intelligenz- und Gedächtnistestungen belegen, daß viele Menschen ihre geistigen Potentiale nicht annähernd ausnutzen. Andernfalls wären die erheblichen Steigerungen durch Maßnahmen wie Ernährungs- und Trinkveränderungen, durch Bewegungen und relativ einfache geistige Leistungstrainings nicht möglich. Wie lange dauert es, bis man leistungsfähiger wird?

Manches geht sehr schnell: In einigen Fällen treten geistige Leistungssteigerungen sehr rasch ein, beispielsweise während der Bewegung; in anderen Fällen einige Minuten oder Stunden später, so nach der Flüssigkeitszufuhr, falls man zuvor wenig getrunken hatte und somit relativ ausgetrocknet war. Die eigentlichen geistigen Trainings schlagen nach einigen Tagen meßbar an. Nach 14 Tagen ergeben sich bei vielen Erwachsenen durch Gehirn-Jogging Anstiege von 10 bis 20 IQ-Punkten.

Auf der anderen Seite sinken die geistigen Leistungen innerhalb weniger Tage merklich, wenn man sein Gehirn nicht angemessen beschäftigt. Bei Krankenhausaufenthalten nimmt der IQ bei vielen schon innerhalb von fünf Tagen um fünf Punkte ab, selbst wenn keine psychiatrischen Störungen vorliegen. Bei Depressionen werden die geistigen Potentiale ebenfalls nicht ausgeschöpft und erst recht nicht bei Hirnleistungsstörungen. Hier sollte man zur Bekämpfung jedoch fachliche Hilfe in Anspruch nehmen.

Es zeigt sich also, daß die Erhaltung der geistigen Leistungsfähigkeit auch schon ein wichtiger Erfolg ist. Aber Erfolg wofür? Nur um in psychologischen Intelligenztests besser zu werden?

Nein. Tests sind nur Stichproben für geistige Leistungen im Alltag, Beruf oder in der Ausbildung. An den Testergebnissen läßt sich aber schließlich schnell stellvertretend für den Alltag erkennen, wie es um einen steht und wie man sich verändert.

Die komplizierten geistigen Leistungen, die man in der Ausbildung, im Beruf und Alltag oder in den herkömmlichen Intelligenztests erbringt, hängen zum Großteil von der Leistungsfähigkeit unseres Kurzspeichers ab, den man auch als "Arbeitsspeicher" bezeichnet.

In Anlehnung an den Arbeitsspeicher eines Computers können heute viele Personen, die sich für die menschlichen Informationsverarbeitungsleistungen interessieren, zufriedenstellend verstehen, welche Rolle ihm zukommt, sobald man die Bezeichnung "Arbeitsspeicher" verwendet. In der informationspsychologischen Tradition, die sich seit Ende der fünfziger Jahre mit den Konzepten und Meßmöglichkeiten auseinandersetzt, hatte man den Ausdruck "Kurzspeicher" gewählt. Die hier vorgestellten Konzepte und Tests basieren auf einigen hundert wissenschaftlichen Arbeiten und Untersuchungen, in denen man vor allem letzteren Ausdruck verwendete. Deshalb behalten wir ihn im laufenden Text meist bei. Um sich in erster Annäherung mit interessierten Nichtfachleuten zu verständigen, ist die Wahl der Bezeichnung "Arbeitsspeicher" meist weniger mißverständlich und somit günstiger.

Wenn in diesem Buch mal vom Arbeitsspeicher und mal vom Kurzspeicher die Rede ist, bleibt ein und dasselbe damit gemeint: die Leistungszentrale in unserem Gehirn, deren Kapazität wir mit dem hier vorgestellten Test messen.

Dieser Arbeitsspeicher steht bei der Lösung verschiedenster geistiger Probleme immer wieder im Zentrum. Je schneller er arbeitet und je mehr Information er unmittelbar zwischenspeichern kann, desto rascher und präziser können wir unsere bisherigen Erfahrungen in die Lösung der neuen Probleme einbringen, desto kompliziertere Aufgaben können wir bewältigen und desto mehr nutzen wir unsere geistigen Potentiale aus.

Diese Zentrale der menschlichen Informationsverarbeitung, der Kurz- bzw. Arbeitsspeicher, läßt sich mit überraschend einfachen Verfahren messen. Durch die Messungen kann man den Erfolg von Maßnahmen zur Erhaltung und Steigerung der geistigen Leistungsfähigkeit selbst prüfen.

DER KURZSPEICHER ALS LEISTUNGSZENTRALE

Bevor der Test zur Selbstprüfung des Kurzspeichers vorgestellt wird, soll näher auf die Intelligenz im Alltag und auf Intelligenztests eingegangen und deren Zusammenhang mit dem Kurzspeicher dargestellt werden. Denn nur, wenn man diese Zusammenhänge versteht, kann man die Ergebnisse, die man durch die Selbsttestung erhält, auch adäquat interpretieren.

Geistige Leistungen im Alltag und in Intelligenztests

Um die Zusammenhänge zwischen geistigen Leistungen im Alltag und in Intelligenztests nachvollziehbar zu machen, schildern wir nachfolgend einige Beispiele von Alltagssituationen, in denen geistige Fitneß erforderlich ist. Auf Seite 12 finden Sie einige Testaufgaben, an denen man erkennt, daß diese von Alltagsaufgaben nicht immer weit entfernen sind.

Dies sind einige der vielen Möglichkeiten im Alltag, in denen wir geistige Probleme zu lösen haben. Sie erfordern den Umgang mit Zahlen, die Fähigkeit, sich eine Situation planend durch den Kopf gehen zu lassen und die Verwertung von Erfahrungen, wie man sie schon viele Male gemacht hat. Diese Probleme erfordern Lösungen, wie man sie auch in herkömmlichen Intelligenztests benötigt (z.B. Wechsler, 1964; Eysenck, 1991).

Alltagssituationen, die geistige Fitneß erfordern

- Man kam nicht mehr zu Bank und hat nur eine begrenzte Bargeldmenge. Nun befindet man sich zum Großeinkauf in einem Kaufhaus. Wenn man bei der Auswahl der Waren die Preise überschlägig festhält und aufsummiert, weiß man, wann man Halt machen muß.
- An der Kasse eines Lebensmittelladens: Die Kassiererin tippt schnell die einzelnen Posten ein. Ein überschlägiges Mitrechnen zeigt, ob der Endbetrag stimmen kann.
- Man möchte so rasch wie möglich vom Hauptbahnhof in Nürnberg nach Freiburg im Breisgau reisen. Ständig fahren Züge ab: einige über Frankfurt/Main, andere über Stuttgart. Man muß sich schnell informieren und entscheiden, über welche Richtung man rascher am Ziel ist, zumal die Abfahrtsbahnsteige weit auseinanderliegen.
- Im Rahmen der Weiterbildung arbeitet man sich in ein neues Fachgebiet ein. Wie geht man vor, wenn man es möglichst rasch so beherrschen will wie ein Experte?
- Skatspiel unter Freunden. Man möchte nicht immer der Verlierer sein. Was tun?
- Eine Hausfrau organisiert sich den Tag: Heute kommen die drei Kinder, der Ehemann und Besuch verteilt über die Mittags- und Nachmittagszeit zum Essen bzw. Kaffee. - Wann erledigt sie die Aufräumarbeiten im Haus und wie organisiert sie den Einkauf und das Mittagessen, daß nicht immer wieder von vorne angefangen werden muß, wenn jemand von der Schule oder vom Dienst nach Hause kommt?
- Teilnahme an einem Gespräch. Man hat einen Satz nicht verstanden. Wie verhält man sich, um dennoch das Verständnis zu sichern?
- Beim Telefonieren gehen einige der gehörten Wörter in anderen Geräuschen unter. Man muß sie ergänzen bzw. ihre Bedeutung erahnen.
- Man steht am Bahnhof einer Großstadt und will von dort eine bestimmte Straße aufsuchen. Wie geht man vor, wenn man keine Passanten oder Taxifahrer fragen will?
- Auf einer französischen Schrifttafel versteht man die Bedeutung eines Satzes nicht. Was tun?
- Besuch in einem Museum: Wie stellt man es an, daß man nach dem Besuch möglichst viel von dem weiß, was einen interessiert?

Nachfolgend einige Aufgaben aus herkömmlichen Intelligenztests. Auf den Seiten 12 und 13 finden Sie Aufgaben, deren Lösungen Strategien erfordern, die wir nicht gesondert in der Schule lernen, sondern die wir im Alltag meist unbemerkt miterwerben. Stellen Sie sich beispielsweise bei den Anagrammen (auf Seite 12) vor, daß Sie beim Zuhören von Sätzen ein Wort nicht richtig wahrnehmen. Sie müssen die gehörten Buchstaben nun in eine Reihenfolge bringen, die ein Wort ergibt, das zum ganzen Satz paßt.

Die Aufgaben von Seite 14 setzen kulturelle Basisfertigkeiten voraus, welche wir in der Schule und Ausbildung erwerben oder erwerben sollten. Das Rechnen lernt jeder, der die Schule besucht, und nahezu jeder findet im Beruf und Alltag Gelegenheiten, diese Fertigkeit weiterzuüben.

Lernen, wie man lernt, gehört in den meisten Schulen allerdings noch nicht zum angebotenen Stoff. Da es jedoch zum Handwerkszeug eines Informationsverarbeiters gehört und somit Grundbestandteil des Wissens in unserer Informationsgesellschaft sein sollte, hat sich die Gesellschaft für Gehirntraining e.V. (siehe Seite 99) seiner Weiterentwicklung und Verbreitung angenommen.

Wenn Sie die Alltagsaufgaben von Seite 10 mit denen auf den Seiten 12 und 13 vergleichen, begreifen Sie wahrscheinlich, warum der Eindruck vieler Laien nicht richtig ist, Alltagsprobleme wendeten sich an andere geistige Funktionen im Menschen als Intelligenztests. Ihre Lösungen forderten, so würden diese Laien argumentieren, entsprechend unterschiedliche geistige Funktionen, Fähigkeiten und Fertigkeiten. Doch der Vergleich der Alltagsaufgaben mit Intelligenzaufgaben, der hier selbstverständlich nicht annähernd vollständig durchgeführt werden kann, zeigt bereits viele Überschneidungen auf: Der Kern der Probleme und ihrer Lösungen ist oft gleich.

Aufgaben aus herkömmlichen Intelligenztests. Die hier geforderte geistige Fitneß ist keine andere als bei Alltagssituationen, wie sie auf Seite 10 dargestellt sind.
(Lösungen am Ende des Buches)

A) Bilden Sie Wörter aus den durcheinandergeschüttelten Buchstaben (sogenannte "Anagramme"):

1) Zu Weihnachten aßen wir diesmal eine TEEN.
2) Die FEIREK vor unserem Haus hat viel ZAHR am Stamm.
3) Leider mußte die BEUCH an unserem Dorfplatz gefällt werden.
4) Natürlich weiß ich, daß die TICHEF kein Laubbaum ist.
5) Im Scheinwerferlicht meines SAUTO tauchte plötzlich ein HER auf.
6) Jeden Abend pflückte er für seine CHANNKEIN grünen LEEK.

B) Bilden Sie richtige Sätze aus den durcheinandergeschüttelten Wörtern:

1) MAUS JAGT DIE EINE KATZE
2) SOMMER DER NEIGT ENDE ZU SICH DEM
3) SICH ZWEI AUS DER KURZSPEICHER ZUSAMMEN SETZT INFORMATIONSVERARBEITUNG DER BASISKOMPONENTEN
4) NICHT EIN BAUCH STUDIERT GERN VOLLER
5) BREI VIELE VERDERBEN DEN KÖCHE

C) Was kommt logischerweise heraus?

1) Monika ist älter als Margarete, Peter ist jünger als Margarete. Wer ist am ältesten?
2) An einem runden Tisch sitzt Vater rechts von der Mutter, Mutter sitzt links von Tante Johanna, Peter befindet sich rechts direkt neben dem Vater. Auf welcher Seite von ihm sitzt Tante Johanna?
3) Der Gärtner besitzt Zwiebeln von weißen und roten Tulpen. Er kann die Farbe nicht an den Zwiebeln erkennen und möchte, daß wenigstens zwei gleichfarbige Tulpen an einer Stelle aufgehen. Wieviele Zwiebeln muß er dort mindestens stecken?
4) Auf einem Blatt Papier stehen hintereinander alle Zahlen von 1 bis 100. Peter soll alle Ziffern 4 darin durchstreichen. Wieviele hat er anzustreichen?
5) Meine Eltern haben einen Jungen und eine Tochter. Ich bin ein Junge. Habe ich einen Bruder oder eine Schwester?

D) Gegensätze finden: Was ist das Gegenteil von

weiß? ....
dünn? ....
klein? ....

E) Was ist der Oberbegriff von:

Apfel - Birne? ....
Seele - Geist? ....

Weitere Aufgaben aus herkömmlichen Intelligenztests, die den Umgang mit den kulturellen Basisfertigkeiten des Rechnens und des "Lernens wie man lernt" erfordern.
(Lösungen am Ende des Buches)

F) Rechnen beim Kaufmann:

1) Ein Brötchen kostet 40 Pfennige. Man will vier Brötchen und legt ein 5-DM-Stück hin. Wieviel Geld bekommt man wieder?

2) Man legt vier Gegenstände an die Kasse. In dem Sichtfenster erscheinen nacheinander:

   ➞2,00 ➞1,00 ➞14,00 ➞ 5,00.

   Welcher Endbetrag müßte als Resultat erscheinen?

3) Bei der Kasse werden schnell die fünf Gegenstände, die man vorlegt, abgerechnet. Man will eine grobe Orientierung, ob der Endbetrag stimmt. Deshalb rechnet man rasch überschlägig mit. Man rundet auf ganze DM auf oder ab. Im Kassenfenster erscheint der Reihe nach:

   ➞ 6,11 ➞ 5,04 ➞ 11,89 ➞ 0,92 ➞1,97.

   In welcher Größenordnung bewegt sich der Betrag, den man bezahlen muß?

4) Im Kopf addieren: 5 + 8 + 3 + 9 + 2 + 24 = ?

5) Im Kopf dividieren: 15.273 : 3 = ?

G) Wie lerne ich am schnellsten und sichersten?

1) Wichtige Sozialversicherungen sind

- Krankenversicherung
- Unfallversicherung
- Rentenversicherung
- Arbeitslosenversicherung
- Pflegeversicherung

2) Wie merkt man sich rasch folgende 16 Wörter?

ESCHE, HAMMER, PUDEL, FICHTE, ULME, SCHÄFERHUND,
ZANGE, WINDHUND, LÄRCHE, BRECHEISEN, FOXTERRIER,
SCHRAUBENZIEHER, SCHNAUZER, EICHE, BIRKE, COLLIE

3) Wie lerne ich ein größeres Gebiet wie Physik, Chemie, Anatomie, Physiologie, Lernen über Lernen?

Flüssige und kristallisierte Intelligenz

Nicht nur die Alltagsaufgaben haben viel Gemeinsames mit Intelligenzaufgaben, sondern auch die scheinbar unterschiedlichen Alltagssituationen bzw. die verschiedenen Intelligenzfragen. Darüber hinaus zeigten großangelegte wissenschaftliche Studien (Carroll, 1993), daß die Personen, die in einer Art von Testaufgaben hohe geistige Leistungen erbringen, auch in anderen Aufgaben zur hohen Leistungsfähigkeit neigen. Andererseits haben Personen, die eine Testart kaum bewältigen, auch in anderen Tests eher wenig Erfolg. Hinter den einzelnen Leistungen scheint demnach eine gemeinsame allgemeine geistige Leistungsfähigkeit zu stecken. Eine solche allgemeine Fähigkeit wird als "Generalfaktor der Intelligenz" (= g-Faktor) bezeichnet.

Bei weitergehenden Untersuchungen von Cattell (1963) erwies sich die Aufteilung in zwei Generalfaktoren der Intelligenz als günstig, die auch den vorwissenschaftlichen Bedeutungen des Intelligenzbegriffes entgegenkommt. Denn unter Intelligenz verstehen viele Leute einerseits Umstellungsfähigkeit, Schlagfertigkeit, die Fähigkeit, immer rasch Lösungen zu finden. Andererseits erkennen sie auch die Tiefe und einen hohen Umfang an Wissen und Wortschatz und die Präzision des Umganges mit Sprache als Zeichen von Intelligenz an, selbst wenn die Betroffenen dabei nicht immer schnell und schlagfertig, sondern eher überlegt wirken.

Cattell bezeichnete die beiden Generalfaktoren der Intelligenz als flüssige (= fluide) und als kristallisierte Intelligenz. Was ist darunter genauer zu verstehen?

Die flüssige Intelligenz gilt als Fähigkeit, neue Probleme ohne Rückgriff auf Erfahrungen geistig zu lösen. Entsprechende Testaufgaben finden sich auf Seite 18.

Die flüssige Intelligenz gibt den aktuellen Leistungszustand des Gehirnes wieder und ist entsprechend anfällig. Jeder, der öfter mit Unterzuckerungen oder mit sehr dickem Blut (hoher Hämatokritwert) zu tun hat, wird bestätigen, wie dabei die geistige Leistungsfähigkeit nachläßt. Bei Hirnleistungsminderungen, zu denen die sogenannten Demenzen im Alter gehören, bilden die Einbußen an flüssiger Intelligenz sogar das Hauptleitsymptom.

Andererseits zielen Maßnahmen zur Steigerung der geistigen Fitneß auf die Erhöhung der flüssigen Intelligenz ab. Sie haben zudem „Nebenwirkungen", an die man zuerst gar nicht denkt: sie steigern beispielsweise die Lebenszufriedenheit und scheinen sogar einen Schutz gegen die gefürchtete Alzheimer Erkrankung zu bilden (Meier-Ruge, 1992).

Die flüssige Intelligenz kann sich sehr rasch ändern, manchmal im Sekundenbereich, beispielsweise wenn ein Arzt einem stark unterzuckerten Patienten schnell so viel Zucker zuführt, bis sein Blutzuckerspiegel wieder normal ist. Wegen der prinzipiell raschen Veränderbarkeit der flüssigen Intelligenz eignet sie sich für Verlaufsuntersuchungen, wie man sie durchführt, um zu prüfen, ob Gehirn-Jogging, Bewegung, eine besondere Ernährung usw. den gewünschten Einfluß hat.

Aufgaben für flüssige Intelligenz

(Lösungen am Ende des Buches)

H) Im Kopf Figuren umdrehen:

Alle folgenden Figuren sind von oben nach unten gespiegelt,

Beispiel: 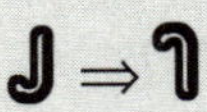 und nicht 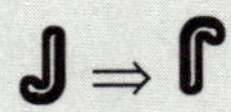

Welche zwei Figuren sind nicht richtig gespiegelt?

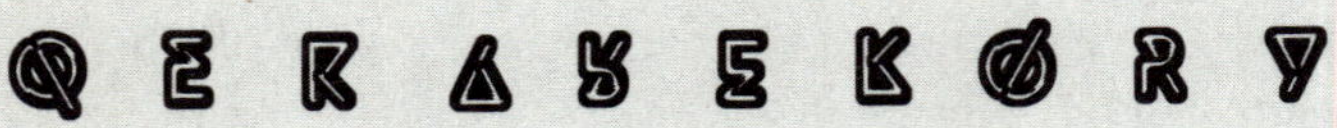

I) Regeln erkennen: Was folgt?

11	9	7	5	3		......
2	3	5	8	12	17	......
1	4	9	16	25	36	......
c	d	f	i	m	r	......

Die kristallisierte Intelligenz beruht im wesentlichen auf den Erfahrungen, die unter der Auseinandersetzung der fluiden Intelligenz mit inhaltlichen Problemen bzw. Fragen im Laufe des Lebens gewonnen wurden. Sie spiegelt sich im Wortschatz, Wissen und in Fertigkeiten wider. Leichte bis mittelschwere Minderungen der Hirnleistungen setzen die kristallisierte Intelligenz kurzfristig nicht merklich herab.

Bei gesunden Erwachsenen, die im gleichen kulturellen Gebiet leben und etwa gleich alt sind, haben die mit der höheren flüssigen Intelligenz meist auch ein umfangreicheres und tiefergehendes Wissen. Sie konnten eben mit ihrer flüssigen Intelligenz ihre Erfahrungen besser auswerten. Wer seine geistige Fitneß - z.B. durch Gehirntraining - optimiert, erhöht zunächst seine flüssige Intelligenz. Er verbessert seine Möglichkeiten, Information aufzunehmen und zu verwerten. Dies wird sich über Monate und Jahre auch in einer erhöhten kristallisierten Intelligenz niederschlagen.

Wenn bei Erwachsenen körperlich verursachte geistige Leistungsminderungen auftreten, läßt das Niveau der flüssigen Intelligenz sofort nach, während das der kristallisierten noch länger erhalten bleiben kann. Deshalb kann man aus entsprechenden Tests (siehe Seite 20) auf das Intelligenzniveau vor der Störung oder Erkrankung schließen.

Besonders in der Medizin beobachtet man manchmal erhebliche Diskrepanzen zwischen den Niveaus der flüssigen und kristallisierten Intelligenz. Hier zeigt sich, wie wichtig es ist, zwischen beiden Generalfaktoren der Intelligenz zu unterscheiden.

Aufgaben für die kristallisierte Intelligenz

(Lösungen am Ende des Buches)

In jeder Zeile das "richtige" Wort finden und einkreisen

1. Nale - Sahne - Nahne - Nesa - Sehna
2. Funke - Kunki - Finza - Tunito - Tunkion
3. Struk - Strahl - Sturl - Strake - Kreile
4. Kirse - Sirke - Serike - Krospe - Serie
5. Tinxion - Kukutur - Fraktion - Tinktion - Rimosion
6. Rosto - Rosmarin - Soronin - Torigono - Torosin
7. Korsar - Sarkar - Rosakirie - Reiklor - Borkerl
8. Pakislawien - Pislawikuli - Lapislazuli - Zulularppen - Ankepran

Kurzspeicherkapazität meist wichtiger als der IQ

Auf der Grundlage der im Computerzeitalter so ausgefeilten Kenntnisse über die Informationsverarbeitung läßt sich auch die geistige Leistungsfähigkeit des Menschen präziser und somit wissenschaftlich zufriedenstellender als mit den herkömmlichen Tests in der Vergangenheit untersuchen. Gleichzeitig wurde es außerdem möglich, Intelligenz begrifflich grundlegender und exakter zu fassen.

Nach entsprechenden informationspsychologischen Ergebnissen werden die Intelligenzleistungen durch einfache, nicht weiter zerlegbare Basiskomponenten bestimmt:

- die Informationsverarbeitungsgeschwindigkeit
  und
- die Gegenwartsdauer

Demnach ist der oben erörterte Generalfaktor der Intelligenz auf diese einfachen Komponenten zurückzuführen (Jensen, 1992; Weiß, 1986).

Die **Informationsverarbeitungsgeschwindigkeit** zeigt sich in der Schnelligkeit, mit der wir etwas wahrnehmen, mit der wir denken, addieren, Gedächtnisinhalte suchen usw. Durchschnittliche Erwachsene verarbeiten bei voller geistiger Anstrengung bis 15 Bits (binary digits) pro Sekunde.

Das Mentale AktivierungsTraining MAT, das man früher als "Gehirn-Jogging" bezeichnete (Lehrl, Weickmann, 1996), hält spezielle Aufgaben zur Übung der Informationsverarbeitungsgeschwindigkeit bereit. Ein Beispiel ist das Zeichenvergleichen, bei dem Sie zur Selbsterfahrung gleich mitmachen sollten.

Gehen Sie die folgenden Spalten von oben nach unten durch und prüfen Sie, ob drei gleiche Buchstaben nebeneinander stehen. Wenn Sie drei solche gefunden haben, unterstreichen Sie diese. Sobald Sie die erste Spalte bearbeitet haben, nehmen Sie sich die zweite vor usw.. Tun Sie das möglichst zügig!

Beispiel
PPP
GJL
WER
ZWQ
SSS
WPW
BBB
YBP

Spalte 1	Spalte 2	Spalte 3	Spalte 4	Spalte 5	Spalte 6	Spalte 7	Spalte 8	Spalte 9	Spalte 10
PPP	INI	LLL	DDD	EDB	NPN	KNW	QWK	JJJ	DDD
EHW	AAA	KAU	LQI	UGU	UUU	III	KKK	TKS	WLW
BWU	HHH	THT	PWS	QQQ	CYG	JHJ	KJE	ZKZ	LZS
YYY	NTN	EEE	IWP	KKK	BKE	KPF	VVV	TFP	BBB
DBS	WYG	YNA	UHW	QZK	NNN	BBB	QBK	OIO	WOI
NNN	GNA	AAA	MMM	LIL	LLW	LWB	OCB	VVV	HHH
BKH	WUW	QWL	WAI	GGG	AGQ	AAS	KKK	JPK	LWL
GLQ	JHE	BWO	CQG	PQP	TPQ	OJD	WKI	AAA	AAA
DDD	BBB	BBB	ZZZ	DPD	DDD	LAQ	ZVJ	KLJ	BIL
YWY	NTN	FHK	TZU	LMF	LLL	PPP	KKK	ALA	HHH
......	......	......	......	......	......	......	......	......	......

Zählen Sie nun in jeder Spalte zusammen, wieviele Dreierkombinationen Sie unterstrichen haben. Schreiben Sie diese Zahlen darunter. (Lösungen am Ende des Buches)

Die **Gegenwartsdauer** gibt die Zeit an, in der Inhalte wie Zahlen oder Wörter im Bewußtsein unmittelbar verfügbar bleiben. Dies sind bei Erwachsenen etwa fünf Sekunden. Beobachten Sie sich einmal bei der Durchführung der nachfolgend gestellten Aufgabe. Nach wenigen Sekunden sind die links dargebotenen Wörter, Ziffern oder Buchstaben plötzlich nicht mehr unmittelbar im Bewußtsein. Nur unter Anstrengung können wir uns dann daran erinnern.

"Zeichen unmittelbar behalten": Links immer erst einmal eine Zeile etwa fünf Sekunden lang anschauen und dabei rechts zuhalten. Danach links zuhalten und prüfen, was rechts fehlt.

K H R T	K H ... T
7 9 0 5	... 9 0 5
sel pov rak fud	sel pov rak ...
Burg Uhu Sonne Zwerg Stahl	Burg ... Sonne Zwerg Stahl

Für eine kurze Zeit - die Gegenwartsdauer - bleiben wahrgenommene Dinge unmittelbar im Bewußtsein. Sie sind vorhanden wie in einem Behälter oder Speicher. Diesen bezeichnet man als "Kurzspeicher". Sein Fassungsvermögen ist die Kurzspeicherkapazität. Sie entspricht der Menge an Information, die wir während der Gegenwartsdauer unmittelbar verfügbar halten und verarbeiten können. Da dies als bewußt erlebt wird, ist der Kurzspeicher ein Speicher für bewußte Vorgänge.

Rechnerisch ergibt sich die Kapazität des Kurzspeichers aus der Multiplikation von Informationsverarbeitungsgeschwindigkeit mit Gegenwartsdauer:

Kurzspeicherkapazität =
Informationsverarbeitungsgeschwindigkeit x Gegenwartsdauer

Als Meßeinheit des Kurzspeichers verwendet man Bits. Der Kurzspeicher von durchschnittlichen Erwachsenen erreicht bei maximaler Anstrengung bis 80 Bits. In anderen Worten: Dies ist das Fassungsvermögen des Kurzspeichers, also die Kurzspeicherkapazität.

Wenn Sie Ihren Kurzspeicher einmal an die Grenzen seiner Belastbarkeit bringen wollen, schauen Sie sich diese drei Wörter an:

BALL, GELD, PFAU

Decken Sie nun diese Wörter ab und prüfen Sie, welche davon in der folgenden Reihe nicht vorkommen:

RAUB, MÖNCH, BALL, WORT, PFAU, NEST

Welches Wort war es? Schauen Sie sich zur Prüfung die drei vorgegebenen Wörter an.

Der Kurzspeicher ist die Grundlage für flüssige Intelligenzleistungen. Zahlreiche wissenschaftliche Studien zeigen, daß die fluiden Intelligenzleistungen um so höher ausfallen, je größer die Kurzspeicherkapazität ist. Falls sich die Kurzspeicherkapazität einer Person verringert, sinken ihre Leistungen in Tests für flüssige Intelligenz und sie vermag im Alltag aktuelle geistige Probleme nicht mehr mit dem gewohnten Erfolg zu lösen. Umgekehrtes geschieht, wenn die Kurzspeicherkapazität steigt: Probleme lassen sich leichter und schneller lösen.

Mentales AktivierungsTraining ist deshalb ein sehr wirksames Training, weil es bei wenig Aufwand nicht nur die Kurzspeicherkapazität erhöht, sondern als Folge auch die flüssige Intelligenz steigert. Die aktuellen Fähigkeiten, geistige Probleme in der Ausbildung, im Beruf und Alltag zu lösen, nehmen zu.

Die Kurzspeicherkapazität ist einfacher und präziser meßbar als der Intelligenzquotient (= IQ). Zudem ist der Kurzspeicher genauer definiert als der Wischiwaschi-Begriff „Intelligenz“. Deshalb hat die Testung des Kurzspeichers sowohl aus wissenschaftlicher als auch praktischer Sicht eine größere Bedeutung als die IQ-Messung. Letztere hat zwar eine größere Verbreitung, dies liegt aber daran, daß man früher nichts anderes kannte.

DIE ERSTE TESTUNG

Wer seinen IQ ermitteln will, für den hat Eysenck (1991) Möglichkeiten mit herkömmlichen Tests vorgelegt. Sie dauern mehrere Stunden und enthalten eine Mischung von Aufgaben für verschiedene Anforderungen.

Wir bieten eine Bereinigung, die sich strenger an den informationspsychologischen Erkenntnissen über die Leistungsfähigkeit des Gehirns orientiert. Dieser informationspsychologische Test ist einfacher und theoretisch zufriedenstellender durchdacht.

Hier wollen wir praktisch vorgehen und Sie nur in die wichtigsten Konzepte und vor allem in die Selbstabnahme dieses Testverfahrens einführen.

Mit Hilfe dieses Tests können Sie ein wesentliches und zentrales Leistungsvermögen Ihres wichtigsten Organs für Informationsverarbeitung, Ihres Gehirns, selbst messen. Es ist die Kapazität Ihres Kurzspeichers, der auch als "Arbeitsspeicher" bezeichnet wird. Er spielt eine zentrale Rolle bei der geistigen Bewältigung von vielen sehr unterschiedlich erscheinenden Aufgaben. Dabei ist er, um es noch einmal hervorzuheben, immer da von Bedeutung, wo Sie *bewußt* Aufgaben bewältigen oder Probleme lösen. Ob sie dem Alltag, dem Beruf, der Ausbildung oder einem "künstlichen" Intelligenztest entstammen, ist belanglos.

Nach Erkenntnissen der Informationspsychologie besteht der Kurzspeicher, wie Sie sich wahrscheinlich erinnern, aus zwei Komponenten, und zwar aus

- der Informationsverarbeitungsgeschwindigkeit
  und
- der Gegenwartsdauer.

Man kann beide Komponenten messen. Damit erhalten Sie die Gelegenheit, die Leistungsfähigkeit Ihres eigenen Kurzspeichers zu bestimmen.

Obwohl die Theorien dahinter und die vielen Untersuchungen, die zu den Tests führten, nicht immer leicht zu verstehen sind, konnten überraschend einfache Tests dafür geschaffen werden.

Wer sich näher in die wissenschaftlichen Studien einarbeiten und mehr über theoretische Begründungen wissen will, findet andernorts Möglichkeiten zur Vertiefung (Lehrl et al., 1993).

Der S-KAI

"S-KAI" ist die Kurzform der Testbezeichnung "**S**elbstabnahmeform des **K**urztests für **A**llgemeine Basisgrößen der **I**nformationsverarbeitung". Dies kann niemand in kurzer Zeit sprechen oder sich gar merken. Deshalb also die Kurzbezeichnung.

Bevor Sie mit der Selbsttestung beginnen, sollten Sie sich erst einmal mit den folgenden Tests vertraut machen. Deshalb finden Sie nun eine Einführung in eine Aufgabe zur Messung der Informationsverarbeitungsgeschwindigkeit. Hinterher können Sie sich gleich richtig testen.

Anschließend gewinnen Sie Erfahrungen mit den Testaufgaben für die Gegenwartsdauer. Sofort danach können Sie ebenfalls Ihre persönliche Gegenwartsdauer bestimmen.

Bevor Sie sich näher mit diesen Tests befassen, sollten Sie bedenken, daß Sie sich streng an die Anweisungen halten müssen, wenn die Ergebnisse Ihre "wahren" Leistungen wiedergeben sollen. Manche Menschen schummeln gern ein wenig, um auf diese Weise höhere Leistungen vorzutäuschen. Diese betrügen eigentlich sich selbst. Sie werden ja nicht nur Ihre derzeitige Leistung messen, sondern nach 4 Wochen Training durch eine zweite Testung Ihre Fortschritte kontrollieren. Deshalb bringt das Schummeln keine Vorteile. Man täuscht sich höchstens über sich selbst. Der psychisch Stabilere und somit psychisch Stärkere und oft auch Erfolgreichere wird sich realistisch einschätzen.

Messung der Informationsverarbeitungsgeschwindigkeit

Der folgende Test heißt "Buchstabenlesen". Mit ihm kann man die Informationsverarbeitungsgeschwindigkeit bei Menschen messen, die gewohnt sind, mit Buchstaben umzugehen, die also relativ fließend lesen können und die auch nahezu jeden Tag etwas lesen, die Zeitung, eine Illustrierte, Hinweisschilder und ähnliches. Bei manchen, nicht allen, Personen mit Schreiblese-schwächen (Legasthenie) treten Schwierigkeiten auf, ebenso bei Personen mit einer Muttersprache, der ein anderes Alphabet als das deutsche zugrunde liegt.

Was benötigt man für die Durchführung des Tests "Buchstaben-lesen"? Zu den folgenden Aufgaben brauchen Sie zusätzlich einen Schreibstift und eine Stoppuhr, möglichst mit Zehntel-sekundenanzeige. Machen Sie sich erst mal mit der Stoppuhr vertraut.

Wie stellt man sie auf Null?
Wie setzt man sie in Gang?
Wie stoppt man sie und liest die vergangene Zeit ab?

Üben Sie dies einige Male, bis Sie es sicher beherrschen. Setzen Sie dann die Uhr auf Null.

Anweisung:

Gleich werden Sie zur Probe in einem Rahmen eine Zeile mit durcheinandergeschüttelten Buchstaben sehen. Nehmen Sie die Uhr zur Hand, bevor Sie sich der Zeile zuwenden.

Zuvor lesen Sie aber noch diese Zeilen: Sobald Sie die Buchstabenzeile in dem Rahmen erblicken, lesen Sie die Buchstaben halblaut und einzeln, so rasch Sie können, hintereinander, beispielsweise:

r g h u p k

Sobald der erste Laut ertönt, setzen Sie die Stoppuhr in Gang.

Hinter dem letzten Buchstaben steht die Ziffer 8. In dem Moment, in dem Sie "acht" sagen, halten Sie die Uhr an. Probieren Sie dies an der folgenden Zeile:

w v b h k e d f t 8

Lesen Sie die Zeit ab. Wieviele Sekunden haben Sie benötigt? Stellen Sie die Uhr auf "0" zurück.

Falls Sie sich einmal verlesen, halten Sie nicht an, sondern lesen Sie einfach weiter.

Haben Sie die Anweisung verstanden? Falls Sie sich nicht ganz sicher sind, lesen Sie sie noch einmal durch.

Lesen Sie jetzt so rasch wie möglich halblaut die folgende Zeile:

z m b i k b t r s e w j k c v f l p z w 8

Die meisten Personen werden dazu zwischen fünf und zehn Sekunden benötigen.

Nachher werden Sie auf der Rückseite, also nach dem Umblättern, wieder zwei solche Buchstabenzeilen finden, eine auf der oberen Hälfte und eine auf der unteren Hälfte der Seite. Decken Sie die untere erst einmal mit einer Hand oder einem Blatt Papier ab und wenden Sie sich nur der oberen zu. Das Vorgehen kennen Sie jetzt.

Stellen Sie nun die Uhr auf "0".

Sobald Sie bereit sind, blättern Sie um.

k n b j r m t v o s f e h c d f l p g z 8

Wie lange haben Sie gebraucht? Tragen Sie die Zeit auf der gegenüberliegenden Seite hinter "Buchstabenlesen Untertest 1" ein, mit Zehntelsekunden-Genauigkeit, also zum Beispiel 8,7 Sekunden oder 10,2 Sekunden.

Nachfolgend ist noch einmal eine Zeile zu lesen. Diesmal besteht sie zur Abwechslung aus großen Buchstaben. Damit Sie durch die oben gelesene Buchstabenzeile nicht abgelenkt werden, decken Sie diese mit einer Hand oder einem Blatt Papier ab.

R Z I P L D V B M T U G S Q C N K D W E 8

Wieviele Sekunden haben Sie diesmal benötigt? Tragen Sie die Zeit hinter "Buchstabenlesen Untertest 2" ein, wieder mit Zehntelsekunden-Genauigkeit, also zum Beispiel 8,7 Sekunden oder 10,2 Sekunden.

Schema zur Eintragung der gemessenen Zeiten im Buchstabenlesen

Buchstabenlesen Untertest 1:	...... ,...	Sekunden
Buchstabenlesen Untertest 2:	...... ,...	Sekunden
Buchstabenlesen Untertest 3:	...... ,...	Sekunden
Buchstabenlesen Untertest 4:	...... ,...	Sekunden
Kürzeste der vier Zeiten:	...... ,...	Sekunden

Das heutige Datum ist: ....
(ist für spätere Vergleiche wichtig)

Auf der folgenden Seite, also nach dem Umblättern, finden Sie zwei weitere Untertests zum Buchstabenlesen, einen auf der Seite oben und einen auf der unteren Hälfte. Decken Sie den unteren erneut mit einer Hand oder einem Blatt Papier ab und wenden Sie sich nur dem oberen zu. Das Vorgehen kennen Sie jetzt.

Stellen Sie die Uhr auf "0".

Sobald Sie bereit sind, blättern Sie um.

t h b m q r n t v s u i f c r d z p k s 8

Wie lange haben Sie diesmal gebraucht? Tragen Sie die Zeit auf Seite 33 hinter "Buchstabenlesen Untertest 3" ein.

Nachfolgend finden Sie zur Abwechslung wieder große Buchstaben. Damit Sie durch die gerade gelesene Buchstabenzeile nicht abgelenkt werden, decken Sie diese mit einer Hand oder einem Blatt Papier ab.

H L W K T O F P G L D C V N S E G J M K 8

Wieviele Sekunden haben Sie bei diesem letzten Versuch benötigt? Tragen Sie die Zeit wieder auf Seite 33 hinter "Buchstabenlesen Untertest 4" ein.

Sobald Sie Ihre Eintragungen für alle vier Untertests beendet haben, schreiben Sie Ihre kürzeste Lesezeit darunter. Diese entspricht am ehesten Ihrer maximalen Informationsverarbeitungsgeschwindigkeit.

Wer will, kann die Lesezeit in die technischen Meßeinheiten für Informationsverarbeitungsgeschwindigkeit in Bits pro Sekunde umrechnen. Dazu muß man 100 durch die Lesezeit teilen:

Meine maximale Informationsverarbeitungsgeschwindigkeit betrug heute:

100/Lesezeit = ... Bits pro Sekunde.

Die meisten Erwachsenen erreichen Werte zwischen 10 und 20 Bits pro Sekunde. Je höher der Wert ist, desto schneller ist die Informationsverarbeitungsgeschwindigkeit. Für Fachleute stehen Normen für Erwachsene ab 18 Jahren zur Verfügung. Nach diesen kann man auch den IQ zuordnen (Lehrl et al., 1993).

Messung der Gegenwartsdauer

Mit dem folgenden Test, dem "Zeichennachsprechen", läßt sich die Gegenwartsdauer bei Menschen messen.
Warum wird der Test als "Zeichennachsprechen" bezeichnet? Weil Zeichen (= characters) unterschiedlicher Art nachzusprechen sind. In diesem Fall sind die Zeichen Ziffern, Buchstaben und Wörter.

Mit Nachsprechen ist hier gemeint, daß Sie die Zeichen halblaut lesen. Dabei ist darauf zu achten, daß die einzelnen Zeichen, also Buchstaben, Ziffern oder Wörter, etwa im Abstand von einer Sekunde gesprochen werden. Probieren Sie es einmal mit der folgenden Zeile und einer Uhr mit Sekundenzeiger aus, damit Sie ein entsprechendes Zeitgefühl bekommen:

6 2 8 0 4 1 9 3 5

Das Lesen müßte etwa neun Sekunden gedauert haben. Andernfalls sollten Sie ein bißchen rascher oder langsamer lesen. Die Uhr können Sie wieder weglegen. Statt dessen benötigen Sie nun einen Stift zum Schreiben.

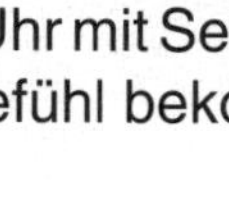

Sie sollen sich jetzt mit dem Ablauf des Tests "Zeichennachsprechen" vertraut machen.

Anweisung:

Sie lesen die Zeichen links halblaut und decken sie dann gleich mit der Hand ab. Sofort danach schreiben Sie die Zeichen der Reihenfolge nach dahinter.

Versuchen Sie es gleich einmal:

r t b .... (3)

Die Zahl in Klammern dahinter zeigt an, wieviele Zeichen unmittelbar zu behalten waren.

Jetzt folgen einige Ziffern:

8 0 3 6 .... (4)

Nun geht es um Wörter:

Rom Prag Wien .... (3)

Falls Sie es richtig gemacht haben, müßten Sie erst drei, dann vier und dann wieder drei Zeichen richtig wiederholt haben (zur Erinnerung: ein Wort heißt hier ebenso "Zeichen" wie eine Ziffer oder ein Buchstabe).

Im folgenden kommt es darauf an, die Grenzen auszutesten, bis zu denen Sie Zeichen in Ihrem Kurzspeicher festhalten, d.h. unmittelbar behalten können. Bei vielen Menschen hört es bereits bei vier bis fünf Zeichen auf. Um Ihre Leistungsgrenze auszutesten, werden die Zeichenreihen immer länger.

Sie finden stets zwei gleichlange Zeichenreihen hintereinander. Die zweite ist immer als Ersatz da, falls Sie mal gestört wurden oder kurz unaufmerksam waren und noch einmal anfangen müssen. Haben Sie die erste der beiden gleichlangen Reihen richtig niedergeschrieben, lassen Sie die zugehörige zweite Reihe aus und gehen zur nächstlängeren über.

Halten Sie am besten die Zeilen, die sich unter der gerade bearbeiteten befinden, mit der freien Hand zu, damit Sie nicht abgelenkt werden.

Beispiel:

4 7 1	....	(3)
0 8 3	....	(3)
7 4 6 2	....	(4)
5 9 6 1	....	(4)

Falls die erste Zeile nicht richtig oder gar nicht wiederholt worden ist, dürfen Sie noch einen Versuch mit der zweiten gleichlangen Reihe wagen.

Wenn Sie keine der beiden gleichlangen Zeilen richtig wiederholen können, gehen Sie zur folgenden Seite über, bei der Sie sich mit einer anderen Zeichenart wieder von Beginn an testen können.

Haben Sie die Anweisung verstanden? Andernfalls lesen Sie sie noch einmal durch.

Auf der folgenden Seite beginnen Sie mit Buchstaben. Decken Sie die gegenüberliegende Seite mit einem Blatt Papier ab, damit Sie dadurch nicht abgelenkt werden.

Blättern Sie nun um.

Die einzelnen Buchstaben in einer Zeile immer im Abstand von etwa einer Sekunde halblaut lesen. Dann links zudecken und das Behaltene dahinterschreiben:

F T S	....	(3)
D X A	....	(3)
L B G N	....	(4)
J M R U	....	(4)
H G W S C	....	(5)
T K H J O	....	(5)
L Q N D H U	....	(6)
S Z F J V B	....	(6)
G F C J R L K	....	(7)
M T H X V B J	....	(7)
R H G I P T Z N	....	(8)
B F L M K U W D	....	(8)
N V T R H I C L X	....	(9)
V R C D Z O B K T	....	(9)
J L K M P I C D S W	....	(10)
M H T G P X R V B J	....	(10)

Auf der nächsten Seite folgen Ziffern. Sie fangen wieder bei einer kurzen Zeile an.

Die einzelnen Ziffern in einer Zeile immer im Abstand von etwa einer Sekunde halblaut lesen. Dann links zudecken und das Behaltene dahinterschreiben:

5 2 7	....	(3)
9 4 0	....	(3)
6 8 0 3	....	(4)
1 7 2 9	....	(4)
2 0 7 4 1	....	(5)
9 5 2 8 3	....	(5)
5 7 0 4 8 3	....	(6)
7 2 9 1 3 4	....	(6)
5 7 0 4 8 1 9	....	(7)
7 2 9 1 3 5 0	....	(7)
6 9 5 0 2 8 1 7	....	(8)
0 7 3 9 5 1 4 2	....	(8)
8 0 3 7 1 5 9 2 6	....	(9)
9 3 7 5 0 4 6 1 8	....	(9)
2 5 9 0 3 7 4 8 6 1	....	(10)
4 9 5 2 8 0 3 6 1 7	....	(10)

Auf der nächsten Seite finden Sie Wörter. Sie fangen wieder bei einer kurzen Zeile an.

Die einzelnen Wörter in einer Zeile immer im Abstand von etwa einer Sekunde halblaut lesen. Dann die linke Seite zudekken und das Behaltene auf der rechten Seite niederschreiben:

Ast Turm Schwein ....

Glas Schrank Baum ....

Laus Kran Tee Mann ....

Fach Ball Wort Ohr ....

Tau Arm Storch Mund Dach ....

Schaum Ton Fisch Zwerg Stahl ....

Licht Durst Graf Stadt Hund Knie ....

Kelch Zug Bein Mond Frau Stuhl ....

Gras Dorf Wein Dolch Pferd Brei Berg ....

Maus Gruft Lord Zweig Bett Schrei Gnom ....

Fuß Wald Tor Raps Haus Nest Bauch Hirsch ....

Obst Tal Hut Dorf Wand Colt Hai Tanz ....

Wut Schnaps Bob Holz Haus Werk Faß Lift Turm ....

See Narr Helm Wild Harz Zaun Tuch Gast Keim ....

Schal Kind Stahl Deich Wal Uhr Schlot Gas Bad Feld ....

Mist Horn Draht Tür Halm Ruß Geld Stall Meer Hals ....

Schreiben Sie hier alle Wörter auf, die Sie sich gemerkt haben.

....(3)

....(3)

....(4)

....(4)

....(5)

....(5)

....(6)

....(6)

....(7)

....(7)

....(8)

....(8)

....(9)

....(9)

....(10)

....(10)

Wie bestimmen Sie nun Ihre Gegenwartsdauer? Zählen Sie Ihre Maximalleistungen in den drei Untertests zusammen und tragen Sie diese in die folgende Tabelle ein. Zur Kontrolle: Das Ergebnis muß zwischen 9 und 30 liegen. Die meisten Erwachsenen erzielen insgesamt 12 bis 16 Zeichen.

Bestimmung der Leistung im Zeichennachsprechen

Die längste richtig wiederholte Zeile im

Buchstabennachsprechen:		....	**Buchstaben**
Ziffernnachsprechen:	+	....	**Ziffern**
Wörternachsprechen:	+	....	**Wörter**
Summe: =		....	**Zeichen**

Wer die Länge seiner Gegenwartsdauer in Sekunden ausrechnen will, muß die soeben ermittelte Summe durch 3 teilen. Bei der Gesamtzahl 15 beispielsweise sind es demnach

15/3 = 5,0 Sekunden.

Aus den gemessenen Werten für die Informationsverarbeitungsgeschwindigkeit und Gegenwartsdauer läßt sich die Kapazität, also das Fassungsvermögen des Kurzspeichers bzw. Arbeitsspeichers ermitteln.

Ergebnis: Kurzspeicherkapazität

Der Kurzspeicher enthält die Information, die während einer Gegenwartsdauer bewußt umgesetzt, verarbeitet wird. Man kann ihn direkt nach dieser Formel errechnen:

Kurzspeicherkapazität =
Informationsverarbeitungsgeschwindigkeit x Gegenwartsdauer

Konkret können Sie so vorgehen:

- ❍ Tragen Sie den im Zeichennachsprechen erreichten Gesamtwert ein. ➤ ....
- ❍ Diese Summe teilen Sie durch 3. ➤ ....
- ❍ Das Ganze nehmen Sie mal 100. ➤ ....
- ❍ Dieses Ergebnis wird dividiert durch die schnellste Zeit im Buchstabenlesen.
- ❍ Ihre Kurzspeicherkapazität beträgt also ➤ ....(Bits).

Das Ergebnis ist die bewußt speicherbare Information, gemessen in Bits. Zum Vergleich: Bei den meisten Erwachsenen beträgt sie 65 bis 95 Bits.

Einfacher ist es, seine Werte grafisch nach der Tabelle auf Seite 47 zu ermitteln. Vielleicht kontrollieren Sie Ihr errechnetes Ergebnis auch daran. Die Werte in dieser Tabelle sind allerdings nach den kaufmännischen Regeln auf- und abgerundet.

Wie bestimmen Sie Ihre Kurzspeicherkapazität nach der Tabelle? Suchen Sie erst die Zeile mit Ihrer kürzesten Zeit im Buchstabenlesen. Dann suchen Sie die Spalte mit dem Gesamtwert, den Sie im Zeichennachsprechen erzielten. Wo sich Zeile und Spalte treffen, steht Ihre Kurzspeicherkapazität.

Ein Beispiel:

Nehmen wir an, Sie hätten im Buchstabenlesen als kürzeste Zeit 8,1 Sekunden erreicht, dann müßten Sie Ihren Wert in der 14. Zeile von oben suchen. Wenn Sie nun im Zeichennachsprechen einen Gesamtwert von 13 erzielt hätten, dann würden Sie Ihren Wert in der 5. Spalte von links finden. Am Kreuzungspunkt von 14. Zeile und 5. Spalte finden Sie für dieses Beispiel eine Kurzspeicherkapazität von 55 Bits.

Auf der nächsten Seite:

Schema zur Ermittlung Ihrer Kurzspeicherkapazität, nachdem Sie Ihre Leistungen im Buchstabenlesen und Zeichennachsprechen gemessen haben. Die Angaben sind Bits. Wie Sie zu Ihrem individuellen Wert gelangen, erfahren Sie im vorangehenden Text.

Buchstabenlesen von	bis	Zeichennachsprechen 9	10	11	12	13	14	15	16	17	18	19	20	21	22	23	24	25	26	27	28	29	30
4,5	4,6	66	73	81	88	95	103	110	117	125	132	139	147	154	161	168	176	183	190	198	205	212	220
4,7	4,8	63	70	77	84	91	98	105	112	119	126	133	140	147	154	161	168	175	182	189	196	204	211
4,9	5,0	61	67	74	81	88	94	101	108	114	121	128	135	141	148	155	162	168	175	182	189	195	202
5,1	5,2	58	65	71	78	84	91	97	104	110	117	123	129	136	142	149	155	162	168	175	181	188	194
5,3	5,4	56	62	69	75	81	87	93	100	106	112	118	125	131	137	143	150	156	162	168	174	181	187
5,5	5,6	54	60	66	72	78	84	90	96	102	108	114	120	126	132	138	144	150	156	162	168	174	180
5,7	5,8	52	58	64	70	75	81	87	93	99	104	110	116	122	128	133	139	145	151	157	162	168	174
5,9	6,1	50	56	61	67	72	78	83	89	94	100	106	111	117	122	128	133	139	144	150	156	161	167
6,2	6,4	48	53	58	63	69	74	79	85	90	95	101	106	111	116	122	127	132	138	143	148	153	159
6,5	6,7	45	51	56	61	66	71	76	81	86	91	96	101	106	111	116	121	126	131	136	141	146	152
6,8	7,0	43	48	53	58	63	68	72	77	82	87	92	97	101	106	111	116	121	126	130	135	140	145
7,1	7,3	42	46	51	56	60	65	69	74	79	83	88	93	97	102	106	111	116	120	125	130	134	139
7,4	7,7	40	44	49	53	57	62	66	71	75	79	84	88	93	97	102	106	110	115	119	124	128	132
7,8	8,1	38	42	46	50	55	59	63	67	71	75	80	84	88	92	96	101	105	109	113	117	122	126
8,2	8,5	36	40	44	48	52	56	60	64	68	72	76	80	84	88	92	96	100	104	108	112	116	120
8,6	8,9	34	38	42	46	50	53	57	61	65	69	72	76	80	84	88	91	95	99	103	107	110	114
9,0	9,4	33	36	40	43	47	51	54	58	62	65	69	72	76	80	83	87	91	94	98	101	105	109
9,5	9,9	31	34	38	41	45	48	52	55	58	62	65	69	72	76	79	82	86	89	93	96	100	103
10,0	10,4	29	33	36	39	42	46	49	52	56	59	62	65	69	72	75	78	82	85	88	92	95	98
10,5	10,9	28	31	34	37	40	44	47	50	53	56	59	62	65	69	72	75	78	81	84	87	90	93
11,0	11,5	27	30	33	36	39	41	44	47	50	53	56	59	62	65	68	71	74	77	80	83	86	89

Kreisen Sie Ihren persönlichen Wert auf der Tabelle ein. Nach einigen Wochen der Übung oder - im Krankheitsfalle - der Behandlung testen Sie sich noch einmal, diesmal mit der Wiederholungsform der S-KAI. Dann markieren Sie den neuen Wert in der Tabelle auf Seite 47 und können direkt mit dem alten Wert vergleichen. Dabei werden Sie feststellen, ob Sie Ihr altes Niveau halten konnten, was nicht selbstverständlich ist, oder ob Sie sich gar gesteigert haben.

Möglicherweise hat sich Ihre Informationsverarbeitungsgeschwindigkeit erhöht und die Gegenwartsdauer ist gleich geblieben oder gar abgefallen. Vielleicht war es auch umgekehrt. Jeder dieser Verläufe wird Sie interessieren.

DAS TRAINING

Vielleicht kennen Sie einige Maßnahmen, um Ihre geistige Leistungsfähigkeit zu erhöhen, um also Ihre Potentiale noch mehr auszuschöpfen. Sie können aber auch Erfahrungen und Entwicklungen der Gesellschaft für Gehirntraining e.V. (= GfG) nutzen. Hier soll ein kleiner Einblick gegeben werden und zugleich die Möglichkeit, vier Wochen lang selbst täglich für etwa zehn Minuten derartige Übungen durchzuführen. Mehrere wissenschaftliche Studien an verschiedenen Personengruppen haben gezeigt, daß sich dadurch die geistige Leistungsfähigkeit erheblich erhöhen läßt. Dies bestätigten Intelligenz- und Gedächtnistestungen. Dazu gehörten auch Messungen der Kurzspeicherkapazität, die Sie mit Hilfe dieses Buches selbst bestimmen können.

Die Gesellschaft für Gehirntraining sieht eine wichtige Grundlage der geistigen Leistungsfähigkeit in der Funktionstüchtigkeit des Organs "Gehirn". Deshalb darf auch dieses körperliche Organ keinesfalls vernachlässigt werden.

Häufig kann man seine geistigen Leistungspotentiale nicht nutzen, weil die körperliche Seite nicht die entsprechenden Voraussetzungen bietet. Sowohl in bezug auf Essen und Trinken als auch hinsichtlich der Bewegung haben sich einige Erkenntnisse ergeben, die zu einfachen Ratschlägen führten. Sie sind nachfolgend festgehalten. Lesen Sie diese einmal durch und fragen Sie sich, ob Sie sich immer daran hielten bzw. wo Sie für sich mit einfachen Mitteln etwas ändern können. Schließlich wollen Sie doch Ihre geistige Leistungsfähigkeit erhalten und möglichst steigern.

Geistige Leistungssteigerung durch Erhöhung der Funktionstüchtigkeit des Gehirns.

Worauf ist beim Essen und Trinken zu achten?

Kreuzen Sie an, was Ihnen bereits bekannt war:

❍ kohlenhydratreich essen (Kartoffeln, Nudeln, Vollkornbrot, Reis usw.)

❍ anderthalb Liter Flüssigkeit täglich zu sich nehmen

❍ nicht so viel auf einmal, sondern mehrfach am Tag kleinere Mahlzeiten zu sich nehmen (Zwischenmahlzeiten)

❍ nicht erst warten, bis man Hunger oder Durst hat, denn dann herrscht schon ein körperlicher Versorgungsmangel; man kann nicht mit der gewohnten Leichtigkeit und Anstrengungslosigkeit hohe geistige Leistungen erbringen

Begründungen dieser Maßnahmen und weitere Vorschläge finden Sie bei Wagner et al. (1996, 1996).

Auch die Bewegung darf nicht zu kurz kommen. Sie erhöht die Bereitschaft, geistige Leistungen zu erbringen. Während der Bewegung läßt sich sogar schneller und umsichtiger denken, weil die Kurzspeicherkapazität steigt. Beim Menschen, der von Natur aus ein Läufer ist, stellt sich die Frage, ob er nicht das Gehen und Laufen, z.B. nach den Vorschlägen der Lauftherapeuten (Weber, 1997), mit dem Denken kombiniert. Auf diese Weise erhöht sich seine geistige Leistungsfähigkeit.

Es darf jedoch nicht nur die körperliche Funktionstüchtigkeit erhöht werden durch günstiges Essen, Trinken und Laufen. Schließlich muß das Gehirn täglich durch Aufgaben gefordert werden. Eine einfache, zeitlich sparsame Art ist das Mentale

AktivierungsTraining, ein echtes Kurzspeichertraining, bei dem man den Kurzspeicher auf Trab bringt, möglichst aus einem entspannten Zustand heraus. Wer schon angespannt oder gar müde ist, sollte erst einmal ausruhen und entspannen.

In dieses MAT soll hier nun anhand konkreter Aufgaben ein kurzer Einblick gegeben werden. Bei Lehrl u. Weickmann (1996), Brost (1993) oder Klapschuweit (1997) kann man mehr über diese Methode erfahren. Das ganzheitliche Konzept, das Essen und Trinken, Bewegung und geistige Tätigkeit vereint, wird als Thera Fit-Konzept von Kaske (1997) vorgestellt.

Die drei Aufgabentypen für MAT

Sie sollen hier drei einfache, aber beliebte Aufgabentypen kennenlernen und später für vier Wochen Vorschläge erhalten, wie Sie Ihr Gehirn geistig fit halten oder sogar seine Fitneß steigern.

Aus der Vielfalt von Aufgaben, die beim MAT-Gehirn-Jogging eingesetzt werden, haben wir für das 4-Wochen-Programm drei Typen von Übungen herausgegriffen.

- Kurzspeicherdehner
- Kalbsbrust
- Wörtertippen

Bevor Sie mit den Übungen beginnen, können Sie sich auf den folgenden Seiten erst mal mit den drei ausgewählten Aufgabentypen vertraut machen.

Kurzspeicherdehner

Aus der Bezeichnung geht schon hervor, daß es dabei auf die Arbeit im Kopf ankommt, in präziseren Worten auf den Kurz- oder Arbeitsspeicher. Wenn wir ihn beschäftigen, werden wir rundum geistig fit.

Den "Kurzspeicherdehner" kann man im Prinzip ohne Hilfsmittel, also ohne Bleistift, Papier, Buch oder sonstige Vorlage durchführen. Überall, wo man gerade liegt, sitzt oder steht. Wie geht man dabei vor?

Man nimmt sich ein längeres Wort vor und bildet daraus neue Wörter. Umlaute wie Ä und Ö werden zu AE und OE. Machen Sie gleich mit: Beginnen wir mit dem Wort

SELBSTTESTUNG

Bilden Sie aus Buchstaben, die in diesem Wort vorkommen, neue Wörter - nur im Kopf.

Beispiele sind SELBST, TEST, ES, TUN oder GUNST, aber nicht GENUG, denn G steht nur einmal im Ausgangswort. - Es gelten bloß Wörter, die Sie in dieser Form im Duden finden.

Schaffen Sie zu unserem Ausgangswort noch ein Dutzend neuer Wörter?

Kalbsbrust

Ein zweiter einfacher Aufgabentyp, der schon seit Jahrhunderten bekannt ist und vielen Menschen Spaß macht und zudem ihre geistige Fitneß und Kreativität halten oder sogar erhöhen hilft, heißt "*Kalbsbrust*".

Kalbsbrust-Aufgaben kann man ohne besondere Hilfsmittel jeden Tag selbst entwerfen, für sich, für Freunde, auch für die Kinder. Dieser Aufgabentyp erfordert nur ein Blatt Papier und einen Stift oder im Urlaub einen Fels und weichen Stein oder einen Sandstrand und einen Stock.

Wie führt man die "Kalbsbrust" durch?
Sie schreiben ein Wort von oben nach unten und dahinter das gleiche wieder, diesmal jedoch von unten nach oben. Dann füllen Sie die Zwischenräume mit neuen Wörtern.Wenn Sie mal kein Wort finden, überspringen Sie einfach die betreffende Zeile. Sie können später wieder darauf zurückkommen.

Beispiel: KINDER

K .... **R**
I .... **E**
N .... **D**
D .... **N**
E .... **I**
R .... **K**

Lösungsbeispiele

K	AVALIE	**R**
I	DE	**E**
N	OR	**D**
D	....	**N**
E	....	**I**
R	....	**K**

Sicherlich finden Sie noch andere Lösungen. Machen Sie doch gleich mal einen Versuch!

In der ersten Zeile darf nicht wieder das Ausgangswort stehen, also in diesem Fall nicht wieder KINDER.

Suchen Sie in unserem Beispiel von Seite 54 zu jeder der sechs Zeilen ein Wort.

Wörtertippen

Als dritten Aufgabentyp wählen wir einen, der von Joos, Anlauf, Dieterle u. Westa (1996) vorgeschlagen wurde. Er ist sehr reizvoll. Dazu braucht man aber eine Vorlage. Auf den Seiten 57 und 59 finden Sie solche Vorlagen, die als Tastenbretter bezeichnet werden.

Beim Wörtertippen sind Texte mit dem Finger zu tippen, wie auf der Schreibmaschine, diesmal aber bei einer ganz anderen Buchstabenanordnung. Sie werden feststellen, daß Sie sich dabei stark konzentrieren müssen. Versuchen Sie mal auf Tastenbrett 1, mit dem Finger möglichst rasch das Wort

[Z] [U] [G] [A] [B] [E]

einzutippen.

Und weil es so schön war, folgt das Wort

[A] [N] [D] [E] [R] [S] [W] [O]

Selbstverständlich können Sie auch einen ganzen Satz bilden. Die Wörter trennen Sie mit dem Bindestrich -.

[D] [I] [E] [S] [E] [S]   [S] [P] [I] [E] [L]

[H] [E] [I] [S] [S] [T]

[W] [O] [E] [R] [T] [E] [R] [T] [I] [P] [P] [E] [N]

Damit Sie sich nicht zu schnell an ein Tastenbrett gewöhnen und in die Routine wie beim Schreibmaschinenschreiben zurückfallen, stellen wir ein zweites Tastenbrett mit einer anderen Buchstabenanordnung auf Seite 59 dar.

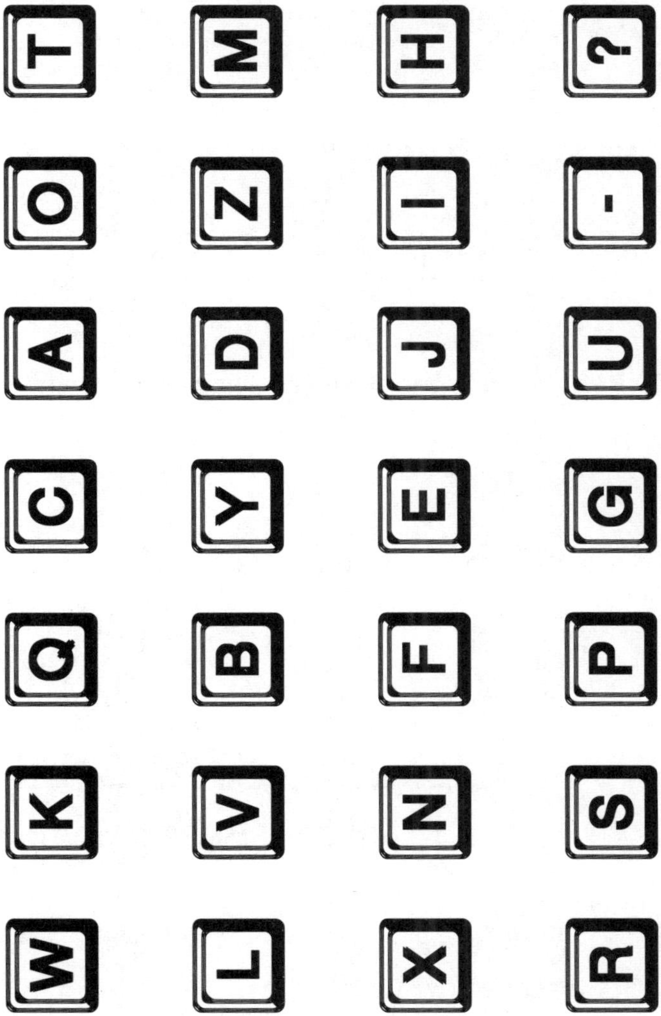

Tastenbrett 1

Üben Sie anhand des Tastenbrettes 2 das Wort

DENKEN

Tippen Sie dann die Wörter

SICH FREUEN

Zwischen den Wörtern wieder einen Bindestrich - setzen.

Und schließlich einen ganzen Satz:

EIN NEUES
TASTENBRETT
STRENGT AN

Dafür macht es geistig fit!

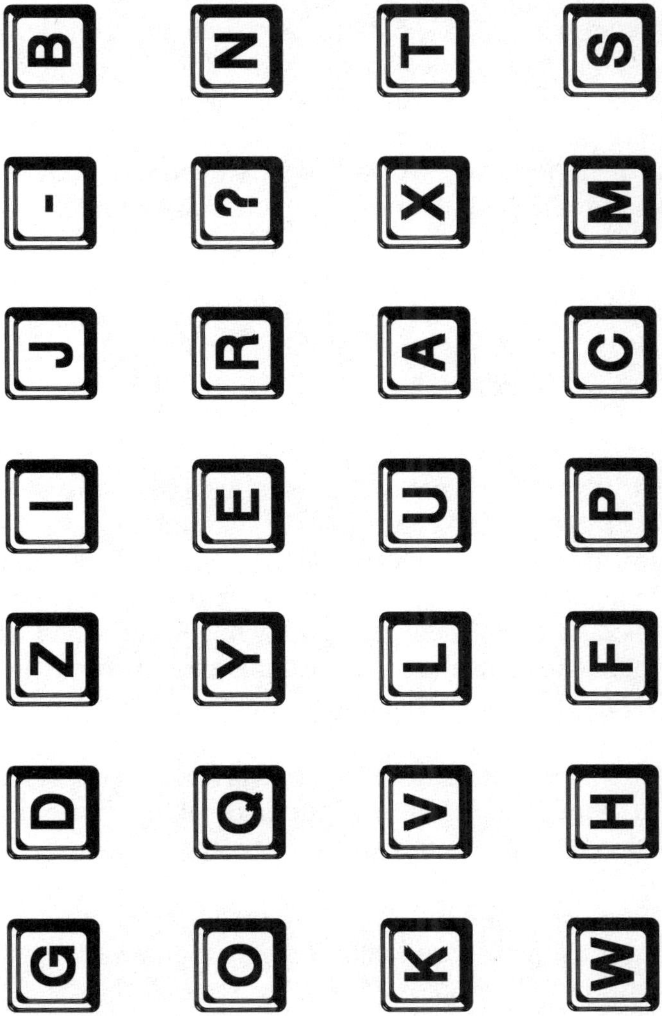

Tastenbrett 2

Ein Vier-Wochen-Programm

Wenigstens einmal am Tag sollte man sein Gehirn durch eine geeignete Übung aktivieren, auch samstags und sonntags. Denn dieses für die Angehörigen einer Informationsgesellschaft wertvollste Organ braucht an jedem Tag Herausforderungen. Andernfalls schrumpft es.
Sie erinnern sich an die Aufgabentypen, die oben beschrieben wurden? Sonst blättern Sie noch einmal zurück.

Sie hießen

- Kurzspeicherdehner
- Kalbsbrust
- Wörtertippen

Für jeden Tag erhalten Sie eine Aufgabe. Widmen Sie sich ihr, wenn Sie gerade nicht so viel getan haben, wenn Sie also nicht erschöpft sind, um wieder frisch zu werden und auf Schwung zu kommen. Am Ende einer Übung sind viele Menschen so aufgeheizt, daß sie sich gerne und mit Freude den anstehenden Tätigkeiten zuwenden, den Angelegenheiten, die für ihren Alltag, Beruf oder die Ausbildung wichtig sind.

Tragen Sie das Datum ein, an dem Sie die Übung durchführen. So vergessen Sie keinen Tag und haben immer den Überblick, wann Sie was geübt haben.

Wem die folgenden Aufgaben nicht genügen oder wer weitere Aufgabentypen kennenlernen und üben will, findet sie bei Reinhardt (1996), Robinson (1996), Joos et al. (1996) oder Sturm (1997).

1. Tag (1. Woche): Datum ....

Kurzspeicherdehner

Bilden Sie wenigstens 12 Wörter aus ➻ **BLUMENVASE**:

....

....

....

....

2. Tag: Datum ....

Kalbsbrust

Das Wort heißt: WUNDER

W .... **R**
U .... **E**
N .... **D**
D .... **N**
E .... **U**
R .... **W**

3. Tag Datum ....

Wörtertippen

HEUTE UEBE ICH MICH IM WOERTERTIPPEN WEIL DIES EINE ECHTE HERAUSFORDERUNG IST

(Tastenbrett 1)

4. Tag: Datum ....

Kurzspeicherdehner

Bilden Sie wenigstens 12 Wörter aus ➻ **TREIBHAUS**:

....

....

....

....

5. Tag: Datum ....

Kalbsbrust

Das Wort heißt: ABREISE

A	....	**E**
B	....	**S**
R	....	**I**
E	....	**E**
I	....	**R**
S	....	**B**
E	....	**A**

6. Tag: Datum ....

Wörtertippen

ZU MEINER FREUDE SCHEINT DIE SONNE

(Tastenbrett 1)

7. Tag: Datum ....

Kurzspeicherdehner

Bilden Sie wenigstens 12 Wörter aus » **ZUGPFERD**:

....

....

....

....

8. Tag (2. Woche) Datum ....

Kalbsbrust

Das Wort heißt: BALKEN

B .... **N**
A .... **E**
L .... **K**
K .... **L**
E .... **A**
N .... **B**

9. Tag: Datum ....

Wörtertippen

HEUTE IST EIN TAG ZUM BAEUME AUSREISSEN

(Tastenbrett 1)

10. Tag: Datum ....

Kurzspeicherdehner

Bilden Sie wenigstens 12 Wörter aus ➻ **EBERSBERG**:

....

....

....

....

11. Tag Datum ....

Kalbsbrust

Das Wort heißt: TAENZER

T	....	**R**
A	....	**E**
E	....	**Z**
N	....	**N**
Z	....	**E**
E	....	**A**
R	....	**T**

12. Tag: Datum ....

Wörtertippen

ZU MEINER FREUDE SCHEINT DIE SONNE

(Tastenbrett 2)

13. Tag:	Datum ....

Kurzspeicherdehner

Bilden Sie wenigstens 12 Wörter aus ➻ **ROSENZWEIG**:

....

....

....

....

14. Tag	Datum ....

Kalbsbrust

Das Wort heißt: DAUERND

D	....	**D**
A	....	**N**
U	....	**R**
E	....	**E**
R	....	**U**
N	....	**A**
D	....	**D**

15. Tag (3. Woche)	Datum ....

Wörtertippen

HEUTE LASSE ICH ES MIR
GANZ BESONDERS GUTGEHEN

(Tastenbrett 1)

16. Tag: Datum ....

Kurzspeicherdehner

Bilden Sie wenigstens 12 Wörter aus ➻ **TANNENBAUM**:

....

....

....

....

17. Tag Datum ....

Kalbsbrust

Das Wort heißt: POSAUNE

P .... **E**
O .... **N**
S .... **U**
A .... **A**
U .... **S**
N .... **O**
E .... **P**

18. Tag: Datum ....

Wörtertippen

DIESES NASHORN IST BEI ZOOBESUCHERN SEHR BELIEBT

(Tastenbrett 1)

19. Tag: Datum ....

Kurzspeicherdehner

Bilden Sie wenigstens 12 Wörter aus ➻ **STEIGERUNG**:

....

....

....

....

20. Tag Datum ....

Kalbsbrust

Das Wort heißt: ITALIEN

I	....	**N**
T	....	**E**
A	....	**I**
L	....	**L**
I	....	**A**
E	....	**T**
N	....	**I**

21. Tag: Datum ....

Wörtertippen

HEUTE UEBE ICH MICH IM WOERTERTIPPEN WEIL DIES EINE ECHTE HERAUSFORDERUNG IST

(Tastenbrett 2)

22. Tag (4. Woche) Datum ....

Kurzspeicherdehner

Bilden Sie wenigstens 12 Wörter aus ➸ **KURZSPEICHER**:

....

....

....

....

23. Tag Datum ....

Kalbsbrust

Das Wort heißt: DROMEDAR

D	....	**R**
R	....	**A**
O	....	**D**
M	....	**E**
E	....	**M**
D	....	**O**
A	....	**R**
R	....	**D**

24. Tag: Datum ....

Wörtertippen

DIESES NASHORN IST BEI ZOOBESUCHERN SEHR BELIEBT

(Tastenbrett 2)

25. Tag Datum ....

Kurzspeicherdehner

Bilden Sie wenigstens 12 Wörter aus ➻ **ARBEITSSPEICHER**:

....

....

....

....

26. Tag Datum ....

Kalbsbrust

Das Wort heißt: BLITZEN

B .... **N**

L .... **E**

I .... **Z**

T .... **T**

Z .... **I**

E .... **L**

N .... **B**

27. Tag: Datum ....

Wörtertippen

KLAVIERSPIELEN IST NICHT IMMER EINFACH

(Tastenbrett 1)

28. Tag (letzter Tag) Datum ....

Kurzspeicherdehner

Bilden Sie wenigstens 12 Wörter aus ➻ **WIEDERHOLUNG**:

....

....

....

....

Ihr vierwöchiges Übungsprogramm ist zu Ende. Jetzt ist ein günstiger Zeitpunkt, die zweite Untersuchung mit dem S-KAI durchzuführen. Sie können feststellen, ob Sie Ihren geistigen Leistungszustand gehalten haben oder ob Sie sich gar steigern konnten.

DIE ZWEITE TESTUNG

Mit dem S-KAI haben Sie bereits Erfahrungen gewonnen. Sie erinnern sich noch, wie er ablief. Dennoch wollen wir einmal kurz wiederholen.

Sie hatten sich mit einem Test für die Informationsverarbeitungsgeschwindigkeit und einem für die Gegenwartsdauer selbst geprüft. Für ersteren gab es das "Buchstabenlesen", für letzteren das "Zeichennachsprechen".

Diese beiden Tests werden auch diesmal wieder angewandt. Allerdings ändern sich die Buchstabenfolgen bzw. Zeichen, damit Sie keine Vorteile mehr von der ersten Selbsttestung haben, falls von ihr noch einiges "hängengeblieben" ist.

Messung der Informationsverarbeitungsgeschwindigkeit

Der folgende Test heißt ”Buchstabenlesen-W”. Das W soll anzeigen, daß es sich nicht um die Grundform des Tests, sondern eine Parallelform zur Wiederholung handelt.

Sie benötigen wieder eine Stoppuhr, möglichst mit Zehntelsekundenanzeige. Machen Sie sich erst mal damit vertraut.

Wie stellt man sie auf Null?
Wie setzt man sie in Gang?
Wie stoppt man sie und liest die vergangene Zeit ab?

Üben Sie dies einige Male, bis Sie es sicher beherrschen. Setzen Sie dann die Uhr auf Null.

Anweisung:

Gleich werden Sie zur Probe eine Zeile mit durcheinandergeschüttelten Buchstaben sehen. Nehmen Sie die Uhr zur Hand, bevor Sie sich der Zeile zuwenden.

Zuvor lesen Sie aber noch diese Zeilen: Sobald Sie die Buchstabenzeile erblicken, lesen Sie die Buchstaben halblaut und einzeln, so rasch Sie können, beispielsweise:

r g h u p k

Sobald der erste Laut ertönt, setzen Sie die Stoppuhr in Gang.

Hinter dem letzten Buchstaben steht die Ziffer 5. In dem Moment, in dem Sie "fünf" sagen, halten Sie die Uhr an. Probieren Sie dies an der folgenden Zeile:

w v b h k e d f t 5

Lesen Sie die Zeit ab. Sie haben wenige Sekunden benötigt. Stellen Sie die Uhr auf "0" zurück.

Falls Sie sich einmal verlesen, halten Sie nicht an, sondern lesen Sie einfach weiter.

Haben Sie die Anweisung verstanden? Wenn nicht, lesen Sie sie noch einmal durch.

Nun eine Probe. So rasch wie möglich halblaut lesen:

g z p l f v c n j w u s r t b k i b m z 5

Nachher werden Sie auf der Rückseite, also nach dem Umblättern, wieder einen gleichartigen Rahmen auf der Seite oben finden und einen auf der unteren Hälfte der Seite. Decken Sie den unteren erst einmal mit einer Hand oder einem Blatt Papier ab und wenden Sie sich nur dem oberen zu. Das Vorgehen kennen Sie jetzt.

Stellen Sie die Uhr auf "0".

Sobald Sie bereit sind, blättern Sie um.

r j b n k z g p l f d c h e o f s v t m 5

Wie lange haben Sie gebraucht? Tragen Sie die Zeit in die Tabelle auf der gegenüberliegenden Seite unter ”Buchstabenlesen Untertest 1” ein, mit Zehntelsekunden-Genauigkeit, also zum Beispiel 8,7 Sekunden oder 10,2 Sekunden.

Jetzt folgt eine Zeile, die zur Abwechslung aus großen Buchstaben besteht. Damit Sie durch die oben gelesene Buchstabenzeile nicht abgelenkt werden, decken Sie diese mit einer Hand oder einem Blatt Papier ab.

M B V D L P I Z R E W D K N C Q S G O T 5

Wieviele Sekunden haben Sie diesmal benötigt? Tragen Sie in der Tabelle die Zeit unter ”Buchstabenlesen Untertest 2” ein.

Schema zur Eintragung der gemessenen Zeiten im Buchstabenlesen-W

Buchstabenlesen Untertest 1:	...... ,...	Sekunden
Buchstabenlesen Untertest 2:	...... ,...	Sekunden
Buchstabenlesen Untertest 3:	...... ,...	Sekunden
Buchstabenlesen Untertest 4:	...... ,...	Sekunden
Kürzeste der vier Zeiten:	...... ,...	Sekunden

Das heutige Datum ist: ....

(ist für spätere Vergleiche wichtig)

Auf der folgenden Seite, also nach dem Umblättern, finden Sie zwei weitere Untertests zum Buchstabenlesen, einen auf der Seite oben und einen auf der unteren Hälfte. Decken Sie den unteren erneut mit einer Hand oder einem Blatt Papier ab und wenden Sie sich nur dem oberen zu. Das Vorgehen kennen Sie jetzt.

Stellen Sie die Uhr auf "0".

Sobald Sie bereit sind, blättern Sie um.

k r q n h t s k p z d r c w f e s m v t 5

Wie lange haben Sie gebraucht? Tragen Sie die Zeit in der Tabelle auf der Seite vorher hinter "Buchstabenlesen Untertest 3" ein.

Es folgen wieder große Buchstaben.

Steht Ihre Uhr auf "0"?
Dann fangen Sie an.

C L D P F O T K J G M S X E V N W L H B 5

Wieviele Sekunden haben Sie benötigt? Tragen Sie die Zeit wieder auf der Seite vorher im Schema hinter "Buchstabenlesen Untertest 4" ein.

Sobald Sie Ihre Eintragungen für alle vier Untertests beendet haben, tragen Sie die kürzeste Lesezeit ein. Diese entspricht am ehesten Ihrer maximalen Informationsverarbeitungsgeschwindigkeit.

Wer will, kann die Lesezeit in die technischen Meßeinheiten für Informationsverarbeitungsgeschwindigkeit in Bits pro Sekunde umrechnen. Dazu muß man 100 durch die Lesezeit teilen:

Meine maximale Informationsverarbeitungsgeschwindigkeit betrug heute:

100/Lesezeit = ... Bits pro Sekunde.

Messung der Gegenwartsdauer

Der folgende Test für die wiederholte Messung der Gegenwartsdauer heißt "Zeichennachsprechen-W".

Er wird, wie Sie sich vielleicht erinnern, als "Zeichennachsprechen" bezeichnet, weil Zeichen unterschiedlicher Art nachzusprechen sind, d.h. Ziffern, Buchstaben und Wörter.

In der Folge sind sie halblaut vorzulesen. Dabei ist darauf zu achten, daß die einzelnen Zeichen etwa im Abstand von einer Sekunde gesprochen werden. Probieren Sie es einmal mit der folgenden Zeile und einer Uhr mit Sekundenzeiger aus, damit Sie ein entsprechendes Zeitgefühl bekommen:

5 3 9 1 4 0 8 2 6

Das Lesen müßte etwa neun Sekunden gedauert haben. Andernfalls sollten Sie etwas rascher oder langsamer lesen. Die Uhr können Sie wieder weglegen. Statt dessen benötigen Sie nun einen Stift zum Schreiben.

Sie sollen sich jetzt mit dem Ablauf des Tests "Zeichennachsprechen-W" vertraut machen.

Anweisung:

Sie lesen die Zeichen links halblaut und decken sie dann gleich mit der Hand ab. Sofort anschließend schreiben Sie die Zeichen der Reihenfolge nach dahinter.

Versuchen Sie es gleich einmal:

k h b .... (3)

Die Zahl in Klammern dahinter zeigt an, wieviele Zeichen unmittelbar zu behalten waren.

Jetzt folgen einige Ziffern:

6 2 0 7 .... (4)

Nun geht es um Wörter:

Heinz Kurt Franz .... (3)

Falls Sie es richtig gemacht haben, müßten Sie erst drei, dann vier und dann wieder drei Zeichen richtig wiederholt haben.

Im folgenden kommt es darauf an, die Grenzen auszutesten, bis zu denen Sie Zeichen in Ihrem Kurzspeicher festhalten, d.h. unmittelbar behalten können. Um Ihre Grenze auszutesten, werden die Zeichenreihen immer länger.

Sie finden stets zwei gleichlange Zeichenreihen hintereinander. Die zweite ist immer als Ersatz da, falls Sie mal gestört wurden oder kurz unaufmerksam waren und noch einmal anfangen müssen. Haben Sie die erste der beiden gleichlangen Reihen richtig niedergeschrieben, lassen Sie die zugehörige zweite Reihe aus und gehen zur nächstlängeren über.

Halten Sie am besten die Zeilen, die sich unter der gerade bearbeiteten befinden, mit der freien Hand zu, damit Sie nicht abgelenkt werden.

Beispiel:

3 6 5 ....(3)

0 6 9 ....(3)

8 4 6 2 ....(4)

3 9 7 5 ....(4)

Falls die erste Zeile nicht richtig oder gar nicht wiederholt worden ist, dürfen Sie noch einen Versuch mit der zweiten gleichlangen Reihe wagen.

Wenn Sie keine der beiden gleichlangen Zeilen richtig wiederholen können, gehen Sie zur folgenden Seite über, bei der Sie sich mit einer anderen Zeichenart wieder von vorne testen können.

Haben Sie die Anweisung verstanden? Andernfalls lesen Sie sie noch einmal durch.

Auf der nächsten Seite beginnen Sie mit Buchstaben. Decken Sie die gegenüberliegende Seite mit einem Blatt Papier ab, damit Sie dadurch nicht abgelenkt werden.

Blättern Sie nun um.

Die einzelnen Buchstaben in einer Zeile immer im Abstand von etwa einer Sekunde halblaut lesen. Dann links zudecken und das Behaltene dahinterschreiben:

K M S	....	(3)
V P D	....	(3)
T L G N	....	(4)
R J U Z	....	(4)
C S H G W	....	(5)
V K H T O	....	(5)
Z B V E L J	....	(6)
F N D S Q H	....	(6)
K L R J G F C	....	(7)
X H T M V J B	....	(7)
P T Z R H G N O	....	(8)
D W K M L U B F	....	(8)
T W P M E N V H R	....	(9)
R G H L X U D V Z	....	(9)
W S D C O M J L K S	....	(10)
J B V R X T H M P N	....	(10)

Auf der nächsten Seite folgen Ziffern. Sie fangen wieder bei einer kurzen Zeile an.

Die einzelnen Ziffern in einer Zeile immer im Abstand von etwa einer Sekunde halblaut lesen. Dann links zudecken und das Behaltene dahinterschreiben:

7 3 8	....	(3)
1 9 4	....	(3)
3 0 6 8	....	(4)
5 7 4 9	....	(4)
1 4 7 2 0	....	(5)
2 8 5 9 3	....	(5)
7 0 5 9 3 8	....	(6)
4 1 8 5 9 2	....	(6)
6 2 7 3 1 5 0	....	(7)
2 0 5 3 8 9 4	....	(7)
1 9 4 7 2 5 8 6	....	(8)
5 0 7 3 4 1 2 9	....	(8)
6 2 8 5 1 7 4 0 3	....	(9)
4 6 1 8 0 5 7 3 9	....	(9)
4 9 0 3 7 5 8 2 6 1	....	(10)
3 6 1 7 2 3 0 5 9 6	....	(10)

Die einzelnen Wörter in einer Zeile immer im Abstand von etwa einer Sekunde halblaut lesen. Dann die linke Seite zudekken und das Behaltene auf der rechten Seite niederschreiben:

Zweig Mus Geld ....

Quark Stock Wand ....

Land Stück Tee Kram ....

Feld Kuß Schmerz Hand ....

Damm Hahn Gurt Eis Stall ....

Wurst Hirsch Stein Turm Strahl ....

Tal Dienst Freund Kopf Wind Fürst ....

Wahn Meer Kunst Rand Kohl Tanz ....

Rad Wort Bein Fels Blatt Schein Buch ....

Leim Pilz Rost Puls Kamm Not Reh ....

Kreuz Stolz Tal Herz Riß Öl Specht Kost ....

Ort Sack Spur Witz Kuh Stock Held Qual ....

Kur Aal Vogt Bast Dill Welt Kamm Vers Saal ....

Kiel Art Frau Gold Tau Herr Zahl Heim Kalb ....

Paß Ulk Halt Los Wels Zinn Knall Dom Talg Kern ....

Beil Rind Stab Korn Teich Gel Bus Roß Haus Lot ....

Schreiben Sie hier alle Wörter auf, die Sie sich gemerkt haben.

....(3)

....(3)

....(4)

....(4)

....(5)

....(5)

....(6)

....(6)

....(7)

....(7)

....(8)

....(8)

....(9)

....(9)

....(10)

....(10)

Wie bestimmen Sie nun Ihre Gegenwartsdauer? Zählen Sie Ihre Maximalleistungen in den drei Untertests zusammen und tragen Sie sie in diese Tabelle ein.

Bestimmung der Leistung im Zeichennachsprechen-W

Die längste richtig wiederholte Zeile im			
Buchstabennachsprechen:		....	**Buchstaben**
Ziffernnachsprechen:	+	....	**Ziffern**
Wörternachsprechen:	+	....	**Wörter**
Summe: =		....	**Zeichen**

Falls Sie die Länge Ihrer Gegenwartsdauer in Sekunden ausrechnen wollen, müssen Sie die soeben ermittelte Summe durch 3 teilen. Dann erhalten Sie eine Annäherung in Sekunden.
Bei der Gesamtzahl 13 beispielsweise sind es demnach

13/3 = 4,3 Sekunden.

Aus den gemessenen Werten für die Informationsverarbeitungsgeschwindigkeit und Gegenwartsdauer können Sie nun Ihre Kurzspeicherkapazität ermitteln.

Ergebnis: Kurzspeicherkapazität

Der Kurzspeicher bzw. Arbeitsspeicher enthält die Information, die während einer Gegenwartsdauer bewußt umgesetzt, verarbeitet wird.

Man kann seine Kapazität nach der Tabelle auf Seite 47 ermitteln oder direkt nach der Formel von Seite 45 errechnen. Beides finden Sie dort in Ausführlichkeit dargestellt. Blättern Sie also zurück und bestimmen Sie Ihre jetzigen Werte. Vergleichen Sie diese mit denen der Ersttestung. Welche Veränderungen Sie dabei feststellen können, darauf wird ab Seite 95 eingegangen.

VERÄNDERUNGEN DER KURZSPEICHERKAPAZITÄT

Durch einfache Methoden zur geistigen Fitneßerhöhung steigen die Schulleistungen und verbessern sich die Noten schon bei jungen Schülern. Außerdem erhöhen sich die Intelligenzquotienten (IQ) von Jugendlichen und Erwachsenen bis ins hohe Alter. Innerhalb 14 Tagen erreichten in mehreren Studien allein durch tägliches MAT die durchschnittlichen Steigerungen Ausmaße, die den Unterschied zwischen Studenten und "normalen" Erwachsenen ausmachen. Dies sind 30 Bits oder 15 IQ-Punkte. Die Gedächtnis- und Konzentrationsleistungen erhöhten sich wie nebenher mit.

Patienten mit sogenannten "Hirnleistungsstörungen im Alter" (Demenz, umgangssprachlich "Hirnverkalkung" und "Alzheimer"), deren geistige Leistungsfähigkeit bereits so sank, daß ihre Angehörigen kaum noch die Geduld und Energie aufbrachten, sich mit ihnen zu unterhalten, erreichten mit einem solchen Verfahren zur geistigen Fitneßsteigerung wieder ihr früheres geistiges Niveau. Deshalb kümmerten sich ihre Angehörigen wieder mehr und lieber um sie (Lehrl et al., 1994).

Auf einige typische Ergebnisse derartiger Studien gehen wir nachfolgend näher ein.

Studienergebnisse über Änderungen von Kurzspeicherkapazität und Intelligenz

In mehreren Dutzend Untersuchungen wurde der hier vorgestellte S-KAI in einer nur leicht davon abweichenden Version eingesetzt, um Verläufe unter verschiedenen Einflüssen zu messen (Lehrl et al., 1993). Meist wurde dabei die Veränderung der Kurzspeicherkapazität, gemessen in Bits, untersucht. Manchmal schlüsselte man zudem nach der Informationsverarbeitungsgeschwindigkeit und der Gegenwartsdauer auf.

Damit Sie sich einen Eindruck verschaffen können, wie derartige Verläufe aussehen, geben wir die Ergebnisse einiger typischer Studien wieder (Gräßel, 1994). Die Änderungen der Kurzspeicherkapazität finden Sie entlang der senkrechten Achse, der Y-Achse. Nach oben bewegen sich Steigerungen, nach unten Minderungen. Die Beträge der Änderungen geben im großen und ganzen reale Verhältnisse wieder. So ist von der Ruhe zur Bewegung tatsächlich mit einer Erhöhung der Kurzspeicherkapazität in der Größenordnung von 20 Bits zu rechnen.

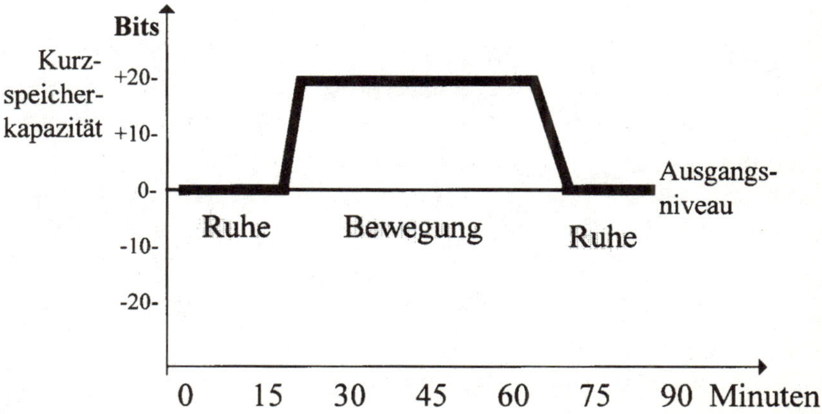

Kurzspeicherkapazität und Bewegung

Die Veränderungen der Kurzspeicherkapazität spiegeln die des Intelligenzquotienten IQ (für flüssige Intelligenz) wider: Bei einer Abnahme der Kurzspeicherkapazität sinkt auch der IQ, bei einer Zunahme erhöht er sich parallel.

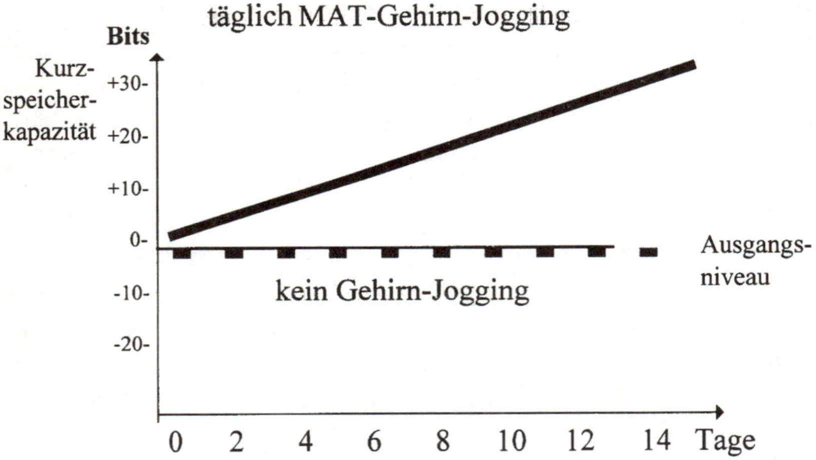

Kurzspeicherkapazität und Gehirn-Jogging

Schon nach wenigen Tagen MAT-Gehirn-Jogging ergeben sich nachweisbare Veränderungen der Kurzspeicherkapazität. Möglicherweise läßt sich nach etwa vier Wochen MAT die geistige Leistungsfähigkeit nicht mehr erhöhen, weil man mit Hilfe dieser Methode seine Potentiale ausgeschöpft hat. Was jedoch geschieht, wenn man sich dann nicht mehr täglich geistig fordert, lassen die Ergebnisse von Personen bei Krankenhausaufenthalten vermuten: "Ab da geht´s geistig rasch bergab".

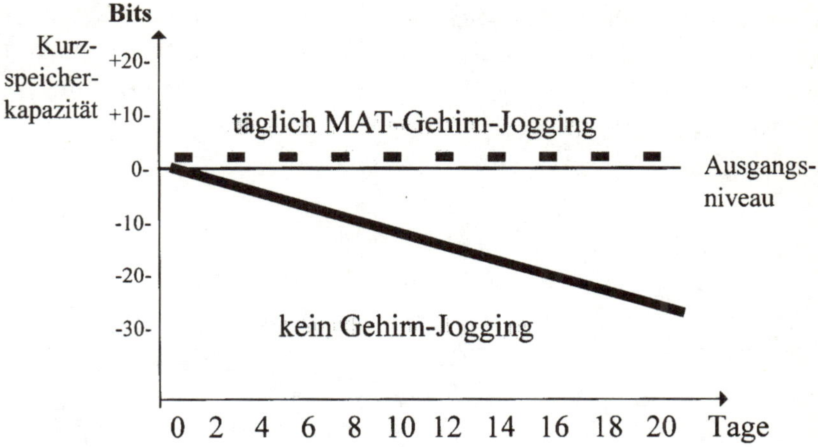

Kurzspeicherkapazität bei Krankenhausaufenthalten

Schließlich führen die Ergebnisse von Studien bei älteren Personen mit Hirnleistungsstörungen im Alter (Demenz im Alter) vor Augen, was geschieht, wenn keine Gegenmaßnahmen ergriffen werden. Bei diesen Personen sinkt die geistige Leistungsfähigkeit über Jahre im großen und ganzen ununterbrochen. Studien bei Hausärzten belegen: Wenn der Arzt diese Störungen frühzeitig diagnostiziert und sie mit Medikamenten, kombiniert mit MAT, behandelt, können viele Betroffene ihr Ausgangsniveau wieder erreichen oder teils sogar überschreiten, weil sie dabei noch Potentiale aktivieren, die sie früher nicht genutzt hatten.

Je später die Behandlung beginnt, desto unwahrscheinlicher ist es, daß die Patienten wieder ihre frühere Kurzspeicherkapazität und somit ihre ursprüngliche geistige Leistungsfähigkeit zurückgewinnen.

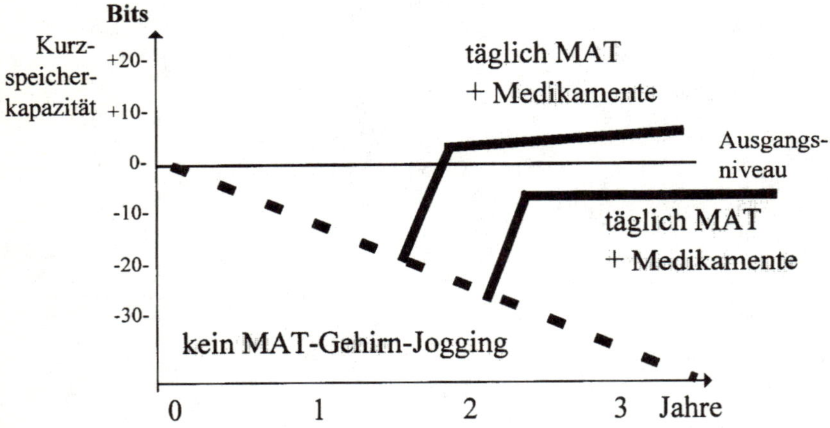

Kurzspeicherkapazität bei Hirnleistungsstörungen im Alter (Demenz im Alter)

Die individuelle Änderung der Kurzspeicherkapazität

Wie hat sich nun von der ersten zur zweiten Testung Ihre Kurzspeicherkapazität verändert? Tragen Sie in das unten abgebildete Schema ein, um wieviel Ihre Kurzspeicherkapazität bei der wiederholten Messung gegenüber der ersten abgenommen hat oder angestiegen ist. Vielleicht ist sie auch gleich geblieben.

In Einzelfällen können schon einmal erhebliche Veränderungen eintreten, z.B. wenn man sich am Ende eines Faulenzerurlaubs testet und dann die Messung nach 14 Tagen wiederholt, nachdem man wieder voll in seinen Beruf und Alltag "hineingesprungen" ist. Ähnliches kommt vor, falls man nach einem längeren Krankenhausaufenthalt, bei dem man sich so richtig "gehenließ", drei, vier Wochen in den Alltag eingefügt hat und dort wieder richtig mitmacht.

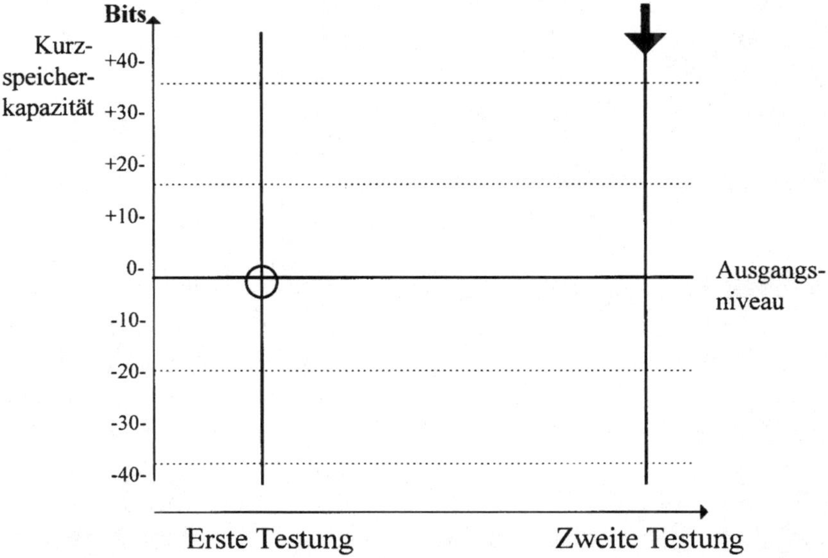

Tragen Sie unter dem dicken Pfeil rechts ein, um wieviele Bits sich Ihre Kurzspeicherkapazität gegenüber der ersten Messung geändert hat

Steigerungen sind vor allem zu erwarten, wenn man sich nicht schon professionell mit Informationsverarbeitung befaßt. Positive Veränderungen durch Mentales AktivierungsTraining treten insbesondere dann auf, wenn im Alltag das Gehirn unterfordert oder überfordert ist: wenn alles routinemäßig abläuft oder chronischer Streß auftritt. Hierzu näheres bei Lehrl u. Weickmann (1996).

In manchen Situationen muß man aber froh sein, den eigenen Zustand erhalten zu können. Dies trifft beispielsweise für viele Bettlägerige zu. Manchem, der - aus welchen Gründen auch immer - länger im Bett liegen muß, hilft es, die geistige Leistungsfähigkeit zu kontrollieren. Durch MAT kann er seinen Zustand halten oder gar verbessern. Begleitend wird er rundum weniger leiden und zufriedener sein und bei zeitlich begrenzten Erkrankungen wahrscheinlich wieder eher genesen.

Bei individuellen Veränderungen ist darauf zu achten, daß Meßfehler auftreten können. Abweichungen von beispielsweise fünf Bits müssen nicht immer eine "wahre" Änderung der Kurzspeicherkapazität anzeigen, sondern können auch nach Zufall vorkommen, weil keine Messung mit der gleichen Präzision wie die andere abläuft. Je größer die Abweichung, desto wahrscheinlicher ist, daß die Richtung der Veränderung "wahre" Änderungen der Kurzspeicherkapazität wiedergibt.

Wo sich bei Ihrer Messung vielleicht Fehler einschleichen konnten oder sogar mußten, erkennen Sie, wenn Sie sich an die Vorgänge Ihrer Selbstmessung erinnern. Auch wenn eine Selbsttestung im großen und ganzen wie die andere ablief und für erhebliche Fehler in der Durchführung kein Spielraum war, könnten Verzerrungen der Ergebnisse bei der wiederholten Testung auftreten, die einem erst gar nicht bewußt werden. Sie beruhen auf Lerneffekten. Diese verhindern tatsächlich bei vielen geistigen Leistungstests, daß man sie wiederholt abnehmen darf.

Häufige Lerneffekte bestehen darin, daß man die Aufgaben beim wiederholten Mal schon kennt. Diese Gefahr ist beim S-KAI jedoch äußerst gering. Durch die Änderung der Buchstaben- und Zeichenabfolgen ist diese Fehlermöglichkeit praktisch ausgeschaltet, ebenso, daß man durch die Testübungen schneller lesen lernt. Beim Lesen von Buchstaben kann man dies sogar, wie auch wissenschaftliche Studien belegen, ausschließen, da man darin aus dem Alltag ohnehin so trainiert ist, daß man sich an der Obergrenze seines Könnens bewegt.

Wer sich also streng an die Anweisungen in der Selbstabnahme der Tests gehalten hat, darf den Ergebnissen einiges Vertrauen entgegenbringen.

WEITERE INFORMATIONEN

Falls Sie Ihre Kenntnisse auf dem Gebiet der Messung der Kurz- bzw. Arbeitsspeicherkapazität erweitern und vertiefen wollen, ziehen Sie das Literaturverzeichnis zu Rate. Das zentrale Buch ist das Handbuch zum Kurztest KAI, das auch die Theorie und Messung der Intelligenz darstellt (Lehrl et al., 1993).

Soweit Sie an weiteren Maßnahmen zur Erhaltung und Steigerung der geistigen Leistungsfähigkeit interessiert sind, halten Sie Kontakt zur Gesellschaft für Gehirntraining e.V. (GfG).

Wer ist die GfG? Sie ist eine gemeinnützige Gesellschaft, die das Ziel hat, derartige Maßnahmen für jedes Lebensalter zu unterstützen und zu fördern. Dies geht aus ihrer Satzung (§ 2) hervor:

> *„Der Verein verfolgt ausschließlich und unmittelbar gemeinnützige Zwecke durch Unterstützung und Förderung von Maßnahmen zur Erhaltung und Erhöhung der geistigen Leistungsfähigkeit in jedem Lebensalter“.*

Die GfG informiert ständig über begleitende Kurse und Literatur. Vielleicht genügt es Ihnen, auf dem Laufenden gehalten zu werden und ständig neue Übungen angeboten zu bekommen. Vieleicht wollen Sie aber auch mehr tun: Die GfG kann die Mithilfe von jedem brauchen, der im Sinne ihrer Zielsetzung aktiv sein will.
Jeder kann Mitglied bei der GfG werden. Schreiben Sie dazu an die Geschäftsstelle der GfG, Postfach 1420, 85555 Ebersberg. Sie können dort Informationsmaterial anfordern (dazu bitte DM 3.- in Briefmarken beilegen) oder Ihren Beitritt erklären. Der jährliche Mitgliedsbeitrag beläuft sich auf DM 60,-. Er schließt den Erhalt der Zeitschrift *GEISTIG FIT* ein. *GEISTIG FIT* erscheint alle zwei Monate und bringt Berichte, Anregungen und viele Übungen zum Gehirntraining.

LITERATUR

Brost, H.: Jogging für den Kopf. Herbig: München, 1993

Carroll, J.B.: Human Cognitive Abilities: A Survey of Factor-Analytic Studies. Cambridge University Press, Cambridge (GB), 1993

Cattell, R.B.: Theory of Fluid and Crystallized Intelligence: A Critical Experiment. Educational Psychology 54 (1963) 1-22

Eysenck, H.J.: Das Intelligenz-Testbuch. Orbis Verlag: München, 1991

Gräßel, E.: Non-pharmacological intervention strategies on aging processes: Empirical data on mental training in „normal" older people and patients with mental impairment. Archives of Gerontology and Geriatry, Supplementum 4 (1994) S. 91-98

Jensen, A.R.: Understanding g in Terms of Information Processing. Education Psychological Review 4 (1992) 271-308

Joos, B., D. Anlauf, H. Dieterle, B.-M. Westa: IQ 2000. Übungsmix. Band 1: Gehirntraining für den täglichen Gebrauch. Mediteg: Wehrheim, 1996

Kaske, R.: Das Therafit-Konzept. In: A. Weber (Hrsg.): Gesundheitsförderung durch Lauftherapie. Junfermann Verlag: Paderborn, 1997

Klapschuweit, E.: Training für mentale Fitness steigert die Intelligenz, erhält die Gesundheit. Vless: Ebersberg, 1997

Lehrl, S., A. Gallwitz, L. Blaha, B. Fischer: Biologische Intelligenz: Theorie und Messung der Intelligenz mit dem Kurztest KAI. Vless: Ebersberg, 1993, 3. Aufl.

Lehrl, S., O. Kapoula, B. Fischer, H. Woelk, G. Burkard: Geistige Leistungsminderung im Alter: häufig, aber behebbar: *GEISTIG FIT* 2 (1994) 3-11

Lehrl, S., E. Weickmann: Gedächtnistraining: Das Drei-Phasen-Programm für Schule, Studium und Alltag. Augustus Verlag: Augsburg, 1996

Meier-Ruge, W.: Schützt denken vor Demenz? Zur Epidemiologie von Hirnleistungsstörungen. Therapiewoche 42 (1992) 450-452

Reinhardt, A.: Mental Aktiv. 69 Übungen zum Gehirn-Jogging. Vless: Ebersberg, 1996

Robinson, B.: Gehirn-Jogging. Übungsprogramm K 1 für Kinder und Personen mit Leseschwierigkeiten. Vless: Ebersberg, 1994

Sturm, F.: Aufgabensammlung aus *GEISTIG FIT* Jahrgang 1996. Vless: Ebersberg, 1997

Wagner, G., U. Schröder, J.M. Peil: Empfehlungen der Flüssigkeitszufuhr in Abhängigkeit von Alter, Geschlecht, Beruf und Lebenssituation. Aktuelle Ernährungsmedizin 21, Sonderheft, 1996, 14-21

Wagner, G., R. Tobien, S. Wedekind: Eat to Win. Zwischenmahlzeiten für Sport, Beruf und Freizeit. Deutscher Sportbund in Zusammenarbeit mit dem Institut für Sporternährung e.V.: Bad Nauheim, 1996

Weber, A. (Hrsg.): Gesundheitsförderung durch Lauftherapie. Junfermann Verlag: Paderborn, 1997

Wechsler, D.: Die Messung der Intelligenz Erwachsener. Huber: Bern, 1964

Weiss, V.: From Memory Span and Mental Speed Toward the Quantum Mechanics of Intelligence. Personality and individual Differences 5 (1986) 737-749

Lösungen

zu Seite ***12***

A: 1) ENTE, 2) KIEFER, HARZ, 3) BUCHE, 4) FICHTE, 5) AUTOS, REH, 6) KANINCHEN, KLEE.

zu Seite ***12***

B: 1) DIE KATZE JAGT EINE MAUS
2) DER SOMMER NEIGT SICH DEM ENDE ZU
3) DER KURZSPEICHER SETZT SICH AUS ZWEI BASISKOMPONENTEN DER INFORMATIONSVERARBEITUNG ZUSAMMEN
4) EIN VOLLER BAUCH STUDIERT NICHT GERN
5) VIELE KÖCHE VERDERBEN DEN BREI

zu Seite ***13***

C: 1) Monika, 2) rechts, 3) 3,
4) 20 (4, 14, 24, 34, 40, 41, 42, 43, 44,...49, 54, 64,...94),
5) Schwester

D: schwarz; dick; groß

E: Obst oder Früchte; Psyche

zu Seite ***14***

F: 1) DM 3,40 • 2) DM 22,- • 3) DM 26,- • 4) 51 • 5) 5.091

zu Seite ***15***

G: 1) Eine Lernerleichterung ist es, eine Eselsbrücke zu wählen, z.B. die ersten Buchstaben der Versicherungen. Dabei ergibt sich von oben nach unten KURAP. Da man die Versicherungsarten ohnehin kennt, kann man sie den Buchstaben umgekehrt wieder zuordnen.

zu Seite ***15***

2) Die Hunde für sich zusammenfassen, ebenso die Bäume und die Handwerkszeuge.

3) Das hängt von den Ausgangskenntnissen ab, ist man noch völliger Anfänger oder schon Fortgeschrittener? In jedem Fall lassen sich verschiedene Gedächtnisstrategien in gegenseitiger Ergänzung einsetzen. Zweckmäßigerweise wird man zuerst einen Überblick gewinnen, welche Begriffe und Modelle die häufigsten und wichtigsten sind. Diese wird man sich - vielleicht mit Hilfe einer (selbsterstellten) Lernkartei - aneignen. Bei einigen Vorkenntnissen hilft das sogenannte dynamische Lesen weiter. - Allein darüber nachzudenken, wie man am günstigsten vorgeht, hilft schon weiter.

zu Seite ***18***

H:  und  passen nicht dazu.

I: 1; 23; 49; x

zu Seite ***20***

Sahne, Funke, Strahl, Serie, Fraktion, Rosmarin, Korsar, Lapislazuli

zu Seite ***22***

Spalte	1	2	3	4	5	6	7	8	9	10
Richtige	4	3	4	3	3	4	3	4	3	5